Clemens Brentano
Rheinmärchen

Erster Band

Clemens Brentano

Das Märchen von dem Rhein und dem Müller Radlauf

Rheinmärchen
Erster Band

Illustriert von Renate Seelig

Büchergilde Gutenberg

Inhalt

Wie der Müller Radlauf dem Rhein ein Lied sang und einen Traum hatte.

Im Rheingau, wo jetzt Rüdesheim liegt, stand vor undenklichen Zeiten eine einsame Mühle am Rhein, umgeben von einer grünen und blumenreichen Wiese. Auf dieser Mühle wohnte Radlauf, ein junger frommer Müllerbursche.

Er lebte mit der ganzen Welt in Frieden, gab den Armen gern ein Mäßchen Mehl umsonst und streute seine Brosamen den Fischen und Vögeln aus. Jeden Abend setzte er sich auf den Mühldamm hinaus und hatte da seine Freude an den schönen grünen Wellen des Rheins, an den Ufern, die sich spiegelten und den Fischen, die vor Lust aus der Flut emporsprangen. Ehe er aber schlafen ging, flocht er immer noch einen schönen Blumenkranz und sang dem alten Rhein ein Lied vor, ihm seine Ehrfurcht zu beweisen. Am Schluß des Liedes warf er dann den Kranz in die Wellen, die ihn freudig hinunter trugen, und wenn Radlauf den Kranz nicht mehr schwimmen sah, ging er ruhig nach seiner Mühle, um zu schlafen.

Das Lied aber, welches er gewöhnlich sang, lautete also:

Nun gute Nacht, mein Leben,
Du alter, treuer Rhein!
Deine Wellen schweben
Klar im Sternenschein;
Die Welt ist rings entschlafen,
Es singt den Wolkenschafen
Der Mond ein Lied.

Der Schiffer schläft im Nachen
Und träumet von dem Meer,
Du aber, du mußt wachen
Und trägst das Schiff einher;
Du führst ein freies Leben,
Durchtanzest bei den Reben
Die ernste Nacht.

Wer dich geseh'n, lernt Lachen;
Du bist so freudenreich,
Du labst das Herz der Schwachen
Und machst den Armen reich;
Du spiegelst hohe Schlösser
Und füllest große Fässer
Mit edlem Wein.

Auch manchen lehrst du weinen,
Dem du sein Lieb entführt;
Gott wolle die vereinen,
Die solche Sehnsucht rührt;
Sie irren in den Hainen
Und von den Echosteinen
Erschallt ihr Weh.

Und manchen lehret beten
Dein tiefer Felsengrund;
Wer dich im Zorn betreten,
Den ziehst du in den Schlund;
Wo deine Strudel brausen,
Wo deine Wirbel sausen,
Da beten sie.

Mich aber lehrst du singen,
Wenn dich mein Aug ersieht,
Ein freudeselig Klingen
Mir durch den Busen zieht;
Treib fromm mir meine Mühle,
Jetzt scheid ich in der Kühle
Und schlummre ein.

Ihr lieben Sterne decket
Mir meinen Vater zu,
Bis mich die Sonne wecket,
Bis dahin mahle du;
Wird's gut, will ich dich preisen,
Dann sing' in höhern Weisen
Ich dir ein Lied.

Nun werf ich dir zum Spiele
Den Kranz in deine Flut;
Trag' ihn zu seinem Ziele,
Wo dieser Tag auch ruht;
Gut Nacht, ich muß mich wenden,
Muß nun mein Singen enden,
Gut Nacht, mein Rhein!

Dieses Lied und der Kranz freuten den alten Rhein immer gar sehr; er gewann den Müller Radlauf darum gar lieb und trieb ihm sein Rad gar ordentlich, nicht zu langsam und nicht zu geschwind.

Einstens träumte dem Müller: er gehe auf seine Wiese und wolle dem alten Rhein den gewöhnlichen Blumenkranz winden, er finde aber auf der Wiese gar keine anderen Blumen als nur Rittersporn und Kaiserkronen und Königskerzen und Schwertlilien und Ehrenpreis und dergleichen vornehme ritterliche Gewächse, er aber scheue sich mit seinen bürgerlichen Händen nicht, breche die edlen Blumen nach Herzenslust und freue sich, seinem alten Freund, dem adligsten der Flüsse, einen recht prächtigen Kranz daraus zu winden.

Als er nun diesen im Traume in die Wellen warf, tauchte unter demselben ein alter, sehr ernsthafter und doch liebreicher Mann aus der Flut; sein grünes Schilfhaar war mit einer goldenen Rebenkrone umgeben, in deren Zweigen der Blumenkranz Radlaufs ruhte. In den Armen hielt er ein wunderschönes Jungfräulein und setzte sie vor Radlauf, der am Ufer niedergekniet war, auf den Strand. Die Jungfrau, träumte er weiter, habe sich ihm freundlich genaht, ihm eine köstliche alte Krone aufgesetzt und ihn dann an der Hand aufgehoben, um ihn nach seiner Mühle zu begleiten. Aber da er

mit ihr über die Wiese gegangen, sei auch gar kein anderes Kraut mehr darauf zu sehen gewesen als nur Mausohr, worüber sie beide sehr erschrocken seien; denn das Mausohr sei dermaßen gewachsen, daß es sie ganz umklammert habe; dann aber sei ein Kraut, Katzenschwanz, emporgeschossen, und rings an allen Hecken und Bäumen so viele Weiden und Palmkätzchen, wie sie am Palmsonntag in der Kirche eingesegnet werden, und habe das Mausohr ganz wieder verschlungen. Während alledem sah er im Traume den alten Wassermann im Rhein zornig herumspringen und ganze Berge von Wellen in die Höhe werfen, und seine Mühle schimmerte ihm wie ein Schloß am Bergfuß entgegen.

Darüber erwachte der Müller in großen Ängsten.

Wie des Müllers Traum wahr geworden.

Der Traum war so lebhaft gewesen, daß Radlauf sich die Augen nicht lange rieb. Er sprang von seinem Lager und eilte hinaus auf die Wiese, um nach den vornehmen Blumen zu sehen, von denen er geträumt hatte. Da war aber alles wie sonst: Gänseblümchen die Menge und hier und da ein frisches Maiglöckchen und viele Butterblumen, auch im Schatten noch einige Veilchen. Die Sonne guckte eben mit den äußersten Spitzen ihrer goldenen Augenwimpern über den Rochusberg, welcher der Mühle gegenüber jenseits des Rheins lag, hervor.

Radlauf trat auf den Mühldamm hinaus, den Rhein zu beobachten; denn sein Traum stand ihm so klar vor Augen, daß er glaubte, es müsse alle Augenblicke der alte Wassermann hervortauchen und ihm die schöne Prinzessin entgegenreichen.

Wie er so auf die Wellen niedersah, hörte er auf einmal eine herrliche Musik; da zitterte ihm das Herz vor Freude und er dachte schon, das könne etwas bedeuten.

Als aber plötzlich Pauken und Trompeten durch die Luft tönten und aus dem Echo widerschmetterten, hob er seine Blicke den Rhein aufwärts und sah von Mainz herab ein goldenes Schiff fahren, worauf der König und die Königin von Mainz nebst ihrer Tochter, der Prinzessin Ameleya, saßen, umgeben von vielen Hofdamen, Kammerherren, Rittern und Musikanten.

Merkwürdig war in dieser Gesellschaft, daß der größte Teil der Dienerschaft keinen Anteil an der

Musik zu nehmen schien; denn der ganze Hofstaat hatte nur Ohren für das Schnurren und Spinnen einer großen Katze mit funkelnden Augen, die auf dem Schoß der Königin ruhte und mit dem Schweife wedelte. Alle schienen hierin eine Vorbedeutung großer Ereignisse zu sehen.

Die mächtigen Leute hatten damals den Brauch, gewisse bedeutungsvolle Tiere als Hof- und Leibtiere mit sich herum zu führen, welche lebendige Würdeträger innerlicher Eigenschaften und Geistesrichtungen ihres Stammes oder ihrer Person waren. Manche führten Löwen, Adler, Bären, Leoparden, Falken, Schwäne, Kraniche und dergleichen Tiere bei sich, diese alte Königin aber eine Katze.

Diese Tiere waren zu einer großen Ruhe und Gleichmütigkeit erzogen und durften nur im äußersten Fall durch ein bescheidenes, vieldeutiges Zeichen ihre innere Gemütsstimmung bemerklich machen. Denn von ihrem Betragen hing Glück und Leben von Land und Leuten ab; weil sie als Barometer für den Erfolg einer jeden Staatsangelegenheit betrachtet wurden, nach deren Äußerungen man Krieg und Frieden, Bündnisse und Heiraten schloß.

Ging aber ein solcher Handel schief, so setzte man das Tier ab, jagte es in den Wald oder brachte es sonst beiseite und nahm ein anderes an dessen Stelle. Manchmal, bei großen Veränderungen, nahm man größere, mächtigere Tiere an die Stelle; so kamen Tiger, Leoparden und Löwen an die Stelle der Katzen.

Es waren diese Gebräuche mit der alten Zeichendeuterei verwandt, nach welcher berühmte Helden vor jedem wichtigen Geschäft erst aus dem Fluge der Vögel, dem Lauf der Tiere, dem Fressen der Hühner Glück und Unglück vorhersehen wollten.

In späteren Zeiten wuchsen die Leidenschaften der Menschen so, daß kein Tier mehr groß genug war, sie vorzustellen. Auch waren die Löwen, Adler und Elefanten wegen ihrer Unbändigkeit und Größe unbequem und unanständig; denn die Menschen wurden äußerlich zahmer und weichlicher.

Da machten gelehrte Leute die Erfindung, nur die Abbildung der ehemaligen Hof- und Leibtiere mit herum zu führen und statt derselben geschickte, wohlerzogene Menschen anzustellen, welche sich nicht gleich alles merken ließen, damit man sich erst auf jeden Fall gehörig vorbereiten konnte. Es war dieses gewiß eine vortreffliche Erfindung, der wir Ruh und Frieden zu verdanken haben.

Aus diesen Abbildungen der Hof- und Leibtiere entstanden die Wappen, und man kann aus den seltsamen Figuren der auf denselben abgebildeten Tiere sich eine Vorstellung machen, wie wunderbar Erziehung und Hofbrauch die ehemaligen Hoftiere zugestutzt hatten.

Zu dieser wohltätigen Veränderung sollen die traurigen Begebenheiten mit beigetragen haben, welche durch die wenige Zurückhaltung der großen Katze auf dem Schoße der Königin von Mainz in dieser Geschichte veranlaßt wurden. Wenngleich alle diese abergläubischen alten Händel längst vergessen sind, so ist doch hie und da noch eine Spur übrig geblieben, wie man an den Wollflocken, welche die Vögel zu ihren Nestern von den Dornhecken sammeln, sehen kann, daß vorübergezogene Schafherden sie daran hängen ließen, und so soll das Sprichwort »Es kommt Besuch, denn unsere Katze putzt sich« noch von der prophetischen Gewohnheit jener Katze herkommen, sich vor jeder Ankunft hoher Gäste fein sauber zu belecken und zu putzen.

Heute aber war die Aufmerksamkeit nicht ohne Ursache auf das Betragen der Katze gerichtet; denn die königliche Familie fuhr dem versprochenen Bräutigam ihrer einzigen Tochter, der Prinzessin Ameleya, entgegen, dem Prinzen Rattenkahl von Trier, der mit der alten Königin von Trier den Rhein herauf fahren sollte.

Es war nicht ganz unbekannt geblieben, daß diese Familie ein Hof- und Leibtier von sehr verschiedener Gemütsart mit sich führte; aber ein altes Staatslied enthielt die Prophezeihung, daß am Binger Loch durch Zusammenkunft von Katz und Ratz eine hohe, glückliche Verbindung und eine neue, glückliche Zeit eintreten sollte. Das Liedlein sagte Folgendes:

Gute Zeit, wenn Ratz und Katz
Einig auf des Rheines Flut
Hingeleiten Schatz zu Schatz,
Alles wird dann werden gut.
Glück, dann hält des Rades Lauf
Hochzeitskranz und Krone auf.

Weil nun die Familie des Prinzen Rattenkahl eine ausgezeichnete Ratze mit sich zu führen pflegte, so hielt man das heutige Begegnen der beiden Schiffe, welche Ratz und Katz und auch den herzallerliebsten Schatz, die Prinzessin Ameleya, mit sich führten, für die Erfüllung jenes alten Reimes, und die Hofmusikanten spielten gar keine andere Melodie, was schier langweilig war.

Die schöne Ameleya war sehr begierig, ihren Bräutigam zu sehen, mit welchem ihr ein so großes Glück kommen sollte, und sie hatte sich ganz vornhin auf den Schnabel des Schiffes gesetzt, so daß ihre blonden Locken wie ein goldener Wimpel wehten.

Sie trug ein grünsamtenes Kleid, mit goldenen

Träublein gestickt, und spielte mit einem goldenen Ruder nachlässig in den Wellen, während sie dann und wann durch die hohle Hand in das dunkle Felsental hineinsah, in welches sich der Rhein aus dem heiteren und lichten Rheingau ergießt, als wolle er mit seinem feurigen Wein einen kühlen Keller suchen.

Radlauf wendete kein Auge von der schönen Prinzessin; denn ihm schien nicht anders, als daß sie die nämliche sei, welche ihn im Traum so sehr erfreut hatte. Dazu kam noch, daß er in dem Gesange von dem Schiffe her, in den Worten »Schatz, Glück, Lauf« immer von einem besonderen Glück zu hören glaubte, das dem Radlauf begegnen sollte.

Da erhob sich aber auf einmal ein starker Wind, und das Schiff der Königin von Trier strich mit vollen Segeln bei dem Binger Loch heraus und war in wenigen Minuten dem Mainzer Schiff sehr nahe.

Der Bräutigam, Prinz Rattenkahl, saß auf dem Schiffsschnabel, seine Braut desto eher zu erblikken. Aber er sah nicht zum besten aus. Wenn er gleich ein guter Herr von großen persönlichen

Eigenschaften sein mochte, so stand ihm doch sein kahler spitzer Kopf, sein sehr dünner, aber langer Schnurrbart und der enge Pelz von schwarzen und weißen Mäusefellen mit einem langen Rattenschwanz daran sehr unvorteilhaft. Hinter ihm saß auf einem ledernen Stuhl seine Mutter, die Königin von Trier, eine sehr alte Dame, die so beschäftigt war, die große Staatsratze, die ihr auf einem großen Samtkissen im Schoße lag, mit Zuckerbrezeln zu füttern, daß sie von allem um sie her nichts hörte und nichts sah; denn die Ratze schien besonders

unruhig und wollte sich immer verstecken. Nun kamen sich die Schiffe sehr nah, und die Mainzer Musikanten machten einen gewaltigen Lärm mit ihrem alten Staatsgesang, den sie mit Pauken und Trompeten begleiteten.

Nun war der wichtige Augenblick der Erfüllung des alten Staatsreims herangekommen; keine Miene verzog sich auf den beiden Schiffen; hier schaute alles nach der Katze, dort nach der Ratze, welche sich beide auch in äußerster Stille verhielten; man erwartete das große Glück.

Die schöne Ameleya, etwas über das Aussehen ihres Bräutigams verlegen, wendete ihr Köpfchen gegen Radlaufs Mühle hin, und Radlauf rückte auf den äußersten Rand seines Mühldamms; nun ertönte der alte Staatsreim noch einmal, und die Erfüllung stand nicht länger auf dem Sprung.

Die Katze fuhr wie ein Blitz über die schöne Ameleya weg nach der Ratze in das andere Hochzeitsschiff hinüber, die ebenso geschwind vor ihr in einen Winkel schoß; die alte Königin war mit ihrem Stuhle umgefallen; aber, o Unglück, der schönen Ameleya entfiel das goldene Ruder, sie bückte sich danach und stürzte in die Flut, und – plumps – sprang Radlauf mit gleichen Beinen in den Rhein, sie zu retten.

Auf den beiden Schiffen war alles in der größten Verwirrung. Die alte Königin schrie wie rasend: Staatsratz, o Staatsratz! – Die alte Königin von Mainz aber schrie: Staatskatz, o Staatskatz! Denn der Prinz Rattenkahl trieb diese dermaßen mit dem Ruder im Schiff herum, daß sie sich endlich auf den Mastbaum rettete. Diese Verwirrung mehrten die Musikanten noch, die wie toll und rasend drauflos paukten und trompeteten, worüber der König von Mainz endlich so unwillig ward, daß er den Pauker und zwei Trompeter ins Wasser stieß.

Da ward es etwas geräumiger und stiller, und er konnte das Jammern der Hofdamen über das Unglück der Prinzessin Ameleya erst verstehen, und nun erhob er ein großes Wehgeschrei. Er trat auf die Spitze des Schiffs, wo sie hinabgestürzt war, und rief dem trierischen Prinzen Rattenkahl zu: »O, teuerster Herr Schwiegersohn! Retten Sie Ihre Braut!« Rattenkahl aber hörte und sah nichts vor Zorn über die Katze, die er noch immer herumhetzte, um sie aus dem Schiffe zu bringen, und schrie immer mit seiner Mutter zugleich: »Ins Wasser mit der Katze, sie soll ertrinken!«

Da warf der König von Mainz ihm aus Zorn die Krone an den Kopf, aber sie traf ihn nicht und flog in den Rhein. Nun wendete sich der König zu seinem Gefolge und rief aus: »Wer mir meine Tochter rettet, der soll sie zur Frau haben und meine Krone dazu!«

Die Musikanten wollten platterdings nicht retten und schützten vor: das Wasser verderbe das Gehör, verstimme die Geigen, stehe gar zu tief unter dem Kammerton, habe keine Resonanz, und könne man leicht in den tiefen Noten aus dem Takt kommen.

Einige Ritter sprangen in den Fluß, aber ihre Waffen zogen sie alle in den Grund.

Mehrere Hofdamen jagte der verzweifelte König nun selbst hinein; aber ihre breiten, steifen Röcke hielten sie oben wie Fischkästen, dabei jammerten sie, es komme ihnen kalt an die Beine und sie würden von Fischen gebissen. Hierzu raste der König um seine Tochter, die Königin jammerte um die Katze, die Musikanten spielten und schrien den Staatsreim in einem betrübten Ton; denn die Damen und Pauker und Trompeter, die um das Schiff herumschwammen, faßten sie an den Haarzöpfen, um sich herauszuhelfen. Da tat die gehetzte Staatskatze plötzlich einen Satz nach dem Mainzer Schiff, sie hatte aber nicht gut gemessen und fiel ins Wasser, worüber Rattenkahl lachte, daß ihm der Mäusepelz auf den Schultern tanzte, seine Mutter aber, die alte, böse Königin von Trier, vor Freuden in die Hände patschte. Sie hatte sich die ganze Zeit mit ausgebreiteter Schürze in den Winkel des Schiffs vor die Staatsratze gesetzt und, um die Katze von sich zu scheuchen, wie ein Hund gebellt.

Die Katze aber wurde von einem schwimmenden Edelknaben mit dem Ellenbogen wieder in das Schiff geschleudert und ist später aus dieser Tat ein ganzer Landesname, Katzenellenbogen, entstanden.

Da Rattenkahl noch mit dem Ruder so nach ihr schlug, daß das Wasser dem König von Mainz die ganze Frisur verdarb, kam dieser in einen solchen Grimm, daß er ausrief:

»So wollt' ich dann, daß dich das Binger Loch mit Mann und Maus verschlänge und die Felsensteine rings dazu lachten!«

Darauf aber erwiderte die Königin von Trier nichts als mit einer recht spitzigen feinen Stimme: »Ei, daß dich das Mäuschen beiß!«

Die Königin von Mainz herzte und trocknete indes ihre Lieblingskatze, und der König wendete seinen ganzen Zorn nun auf sie, weil er behauptete, diese verwünschte Katze habe all das Unglück herbeigeführt; und sie begannen beinahe schon zu raufen, als der alte Rhein das unartige Betragen all dieser häßlichen Herrschaften nicht mehr länger mit ansehen konnte und plötzlich einen heftigen Sturm in seinen Wellen zu erheben begann. Da flogen die beiden Schiffe wie Spreu auseinander. Das Mainzer Schiff flog gegen Mainz, das trierische gegen Koblenz zurück. Da das letzte aber bei Bingen um die Ecke herumfuhr, ward die Verwün-

schung des Königs von Mainz schon an ihm wahr: der Strudel faßte das Schifflein und drehte es herum wie einen Kreisel, immer geschwinder und geschwinder; da lautete es, als wenn sich ein Riese gurgelte, und auf einmal war das Schiff voll Wasser und Rattenkahl, seine Mutter und die Ratze verschwanden mit ihm. Die Felsen aber lachten rings dazu: »Klick, klack, klack!«, als wenn man mit tausend Peitschen knallte.

So ward der Fluch des Mainzer Königs wahr und der Traum des frommen Müllers Radlauf auch und der alte Staatsreim auch; denn sein Freund, der alte Rhein, trieb dem schwimmenden Radlauf den Schatz, die schöne Ameleya, richtig in die Arme.

Mit ungemeiner Anstrengung arbeitete er, die schon halbtote Prinzessin nach seinem Mühldamm hinzubringen, und da er merkte, daß er selbst auch die Besinnung zu verlieren begann, umfaßte er die Prinzessin fest mit beiden Armen und rief in Gedanken den Vater Rhein um Hilfe an, der ihn nicht verließ und mit Ameleya gleich neben seiner Mühle auf der schönen Wiese ans Land warf, wo sie beide ohnmächtig wie tot nebeneinander lagen.

Wie Radlauf die schöne Ameleya in seine Mühle führt.

Der Rhein war schon wieder ganz ruhig und spiegelglatt, und die Sonne schien warm hernieder: da erwachte Radlauf aus seiner Betäubung.

Ach, wie war er verwundert, als er die schöne Prinzessin in ihrem grünen goldgestickten Samtrock neben sich im Grase liegen sah.

Schnell sprang er auf und kniete wieder vor ihr nieder und flüsterte: »Ach, allerholdseligste Prinzessin! Wollen Sie nicht aufstehen und sich in meine Mühle bemühen?« Da sie aber kein Zeichen von sich gab, kam er in die größte Angst und dachte erst, daß sie wohl gar könne ertrunken sein.

Nun besann er sich hin und her, was er für Mittel gehört hatte, Ertrunkene wieder zu sich selbst zu bringen. Aber es wollte ihm keines recht gefallen; er wagte keines aus Schüchternheit anzuwenden; so sehr unwürdig fühlte er sich, die Prinzessin zu berühren.

Das gewöhnliche Mittel, sie auf den Kopf zu stellen, fiel ihm zuerst ein; aber wie konnte er, dem es schon durch Mark und Bein ging, wenn er einen

Laib Brot auf der oberen Seite liegen sah, auch nur den Gedanken ertragen, eine Prinzessin auf den Kopf zu stellen; dann fiel ihm ein, daß man solchen Betäubten Federn unter der Nase verbrenne, um sie durch den scharfen Geruch zu sich zu bringen; aber auch dies Mittel schien ihm erschrecklich; er hätte sich nie verzeihen können, einer so schönen Nase etwas Häßliches in die Nähe zu bringen. Da er also gar nichts wußte, fing er, neben ihr kniend, von ganzem Herzen zu beten an: der liebe Gott möge die schöne Ameleya doch wieder zum Leben zurückrufen.

Wie er so betend ihr in das liebliche Angesicht schaute, summte eine kleine goldene Biene um sie her und wollte sich eben auf ihren roten Mund, den sie für eine duftende rote Nelke hielt, niederlassen. Da vergaß Radlauf in der Angst, die Biene möge die Prinzessin stechen, alle seine vorige Schüchternheit und gab der schönen Ameleya, als er die Biene verjagen wollte, eine ziemliche Ohrfeige, nach welcher sie mit einem tiefen Seufzer die Augen aufschlug und erwachte.

Radlauf kniete noch zitternd neben ihr und sprach in der tiefsten Ehrerbietung: »O allerholdseligste Prinzessin! Verzeihen Sie mir, daß ich Ihnen eine Ohrfeige gegeben, aber ich versichere Dieselben, der Schlag war allein auf eine unverschämte Biene gemünzt, welche Dero lieblichen

Mund für etwas anderes, z. B. eine rote Blume ansah, und Honig darauf sammeln wollte. Als ich diese nun erschlagen wollte, entwischte sie unter meiner Hand, und diese hatte das Unglück, der allerholdseligsten Prinzessin Wange nur allzuderb zu berühren. Ich flehe nun um Verzeihung; ist aber mein Verbrechen wirklich so groß, als ich es fühle, so bitte ich Dieselbe, mir alsogleich den Tod zu geben.«

Die schöne Ameleya hörte diese Worte des Müllers kaum, so betäubt war sie noch, und da sie sich endlich aufrichtete und auf ihren Füßen fest wie eine schöne Bildsäule am Rhein dastand und gar

nichts von der Ohrfeige zu wissen schien, tat er auch weiter keine Erwähnung davon.

Die Prinzessin sah bange den Rhein hinauf, da hörte sie noch in weitester Entfernung eine Trauermusik erschallen, mit welcher das Schiff ihrer Eltern nach Mainz zurückruderte. Das beruhigte einigermaßen ihr Herz; denn wo ihr Bräutigam, der Prinz Rattenkahl, hingekommen sein möge, das kümmerte sie gar nicht, weil sie eigentlich aus Schrecken über dessen unangenehmes Aussehen in das Wasser gefallen war.

Nun kniete sie nieder und dankte Gott von Herzen, daß er sie so wunderbarlich errettet habe und wandte sich dann zu Radlauf, dem sie nun auch von Herzen dankte und ihn bat, sie in seine Mühle zu führen, damit sie ein wenig schlafen könne.

Radlauf konnte vor Freuden und Entzücken, als die schöne Prinzessin mit ihm sprach, gar kein Wort vorbringen. Er machte bloß eine untertänige Verbeugung, und als sie nach der Mühle zu wandelte, ging er hinter ihr her, teils aus Ehrerbietung, teils damit ihr die vom Rheinwasser noch sehr nasse Schleppe nicht so kalt an die Beine schlagen sollte. Der Prinzessin gefiel diese Artigkeit des Müllers gar sehr, und sie sah dann und wann um und nickte ihm freundlich mit dem Kopf. Er aber sah ganz beschämt an den Boden, und wie erstaunte er nicht, als er überall, wo die schöne Ameleya ihren

Fuß auf der Wiese hinsetzte, lauter Ehrenpreis und Königskerzen und Rittersporn und andere adelige Blumen aufblühen sah, worauf er wieder sehr an seinen Traum gedachte.

So traten sie in die klappernde und stäubende Mühle, und als er sie in seine Stube gebracht, redete sie mit großer Freundlichkeit einige Worte zu ihm; doch konnte er ihre Stimme nicht verstehen vor dem Mühlgeräusch, und er wollte sich schon wegbegeben, die Mühle festzustellen, aber sie blieb in demselben Augenblick von selbst stehen, was ihn zu einer andern Zeit gewiß sehr verwundert hätte, ihm jetzt aber gar nicht auffiel, so beschäftigt war er mit seinem vornehmen Besuch, und besonders mit dem Gedanken, was in aller Welt er ihr wohl für eine Mahlzeit auftischen sollte.

Radlauf verbeugte sich vor Ameleya und bat sie, sich es bequem zu machen; er legte ihr weiße Tücher über sein Bett, setzte ihr frisches Wasser hin und feine Kleie zum Waschen, auch sein bestes Handtuch und einen ganz neuen buchsbaumenen Kamm, den er selbst geschnitten hatte, wie auch das Brauthemd seiner verstorbenen Mutter und die Hochzeitkleider derselben, damit sich die Prinzessin umkleiden könne; dann machte er ein Feuer auf den Herd, teils ihr etwas zu kochen, teils auch die durchnäßten Kleider zu trocknen.

Alles das tat er still, ohne ein Wörtchen zu sagen.

Die Prinzessin war auch ganz still und sah ihm zu, wie er alles so fleißig und bedachtsam und bescheiden besorgte, was ihr etwa angenehm sein könnte. Nun nahm er noch seine eigenen Sonntagskleider aus dem Kasten, hängte sie über den Arm, legte ein Stückchen Kreide auf den Tisch, ließ sich dann auf ein Knie nieder und sprach: »Allerholdseligste Prinzessin! Wenn Sie sich der wenigen Bequemlichkeit in der Stube eines armen Müllers bedient haben, geruhen Sie mit dieser Kreide hier an die schwarze Küchentüre ihre sämtlichen Leibspeisen aufzuzeichnen, damit ich hernach wieder hereinkomme und sehe, womit ich Sie in der Eile zu erquicken vermag.«

Die Prinzessin war durch die Artigkeit des Müllers sehr gerührt, brach die Kreide entzwei und gab dem Müller ein Stück mit den Worten: »Nimm hin, mein guter Radlauf! Begebe dich in die Küche und schreibe auf die andere Seite der Türe deine Leibspeisen und diejenigen, welche wir beide zugleich werden aufgeschrieben haben, sollst du mir dann bereiten.« Radlauf nahm die Kreide und sprach: »Nicht allein dieses, sondern auch alles andere, was Sie wünschen könnten, schwöre ich Ihnen zuzubereiten, wenn es in meinem Vermögen steht.«

Nun machte er eine Verbeugung und begab sich nach der Küche.

Wie Radlauf den Küchenzettel macht und der schwarze Hans auch dabei sein will.

Kaum war Radlauf in der Küche, als er ein hübsches Feuer auf dem Herd machte und alles Geschirr recht reinlich ausscheuerte, wobei er sich immer besann, was er für Lieblingsgerichte aufschreiben sollte; aber es wollte ihm auch gar nichts anders einfallen als gebrannte Mehlsuppe und Rühreier, denn er hatte sein Lebtag nichts anders gegessen und kannte auch kein anderes Gericht.

Unter diesen Geschäften und Sorgen horchte er dann und wann nach der Türe hin, ob die Prinzessin etwa schon auf der andern Seite ihre Lieblingsspeisen daran schreibe; aber er vernahm noch nichts, sie schien beschäftigt sich umzukleiden.

Mit allem war er nun bereit, nur besann er sich noch immer auf irgendeine andere Speise und rieb sich die Stirne, indem er auf und ab ging. Er hatte aber am Fenster einen zahmen Star im Vogelbauer hängen, den er trotz langer Bemühung noch nicht hatte sprechen lehren können, wenngleich der Vogel eine besondere, ja beinah menschliche Klugheit verriet; als er nun den guten Vogel ganz tiefsinnig auf seiner Stange sitzen sah, als ob er sich auch auf einen Küchenzettel besänne, fragte er ihn, wie er gewöhnlich pflegte, wenn er seine Mahlzeit zubereitete:

»Schwarzer Hans, du meine Freude!
Was kocht der weiße Müller heute?«

Da antwortete der Star zum erstenmal, aber mit sehr trauriger Stimme:

»Gebranntes Mehl und Rührei,
Der schwarze Hans ist auch dabei!«

»Wohlan, so soll es auch dabei bleiben«, rief Radlauf aus, voll Freude, daß sein Vogel zum erstenmale gesprochen. Fröhlich ging er zum Vogelbauer, streute schönen Weizen hinein und füllte das Tröglein mit frischem Wasser; aber Hans blieb immer traurig, er wollte nicht fressen und nicht saufen; das Herz schlug ihm, als wenn er einer Katze gegenüber säße, und die Flügel ließ er hängen wie ein Leichenbitter. Radlauf konnte gar nicht begreifen, was den Vogel nur so betrüben möge. Endlich dachte er, er ist vielleicht erschrocken, als ihm auf einmal der Verstand aufgegangen und die Sprache gekommen, nur weiß er jetzt seines Studierens kein Ende, weil er vor lauter Gedanken gar nicht weiß, was er zuerst sagen soll. Um ihn ein wenig aufzumuntern, sprach er zu ihm:

»Friß und sauf und bade dich
Und pfeif eins, Hans ohne Sorgen,
Weil ich zum Schmause lade dich,
Hast du kein Geld, ich will dir's borgen.«

Worauf ihm aber der Star noch viel betrübter antwortete:

»Was hilft's, wenn ich viel fresse,
Es ist mein Leichenschmaus;
Mich speist doch die Prinzesse,
Denn meine Zeit ist aus.

Was hilft's, wenn ich viel bade
Mein Trauermäntelein;
Ich sterb' heut ohne Gnade,
Ich muß gefressen sein.

Was hilft's, wenn ich viel saufe,
Es ist mein Sterbetrunk;
Dem Tod ich nicht entlaufe,
Mich ißt ihr roter Mund.«

Dabei legte er den Kopf ganz betrübt auf sein Freßtröglein, als wollte er ihn abgehackt haben. Radlauf bemitleidete ihn herzlich und machte ihm den Bauer auf und das Fenster, damit er sich eine Bewegung machen möge; denn er glaubte, er sei vom vielen Studieren und Einsitzen so tiefsinnig geworden. Indem hörte er die Prinzessin mit der Kreide an der Türe schreiben, und schnell sprang er mit seiner Kreide auch an die Türe; sie schrieb von außen und er von innen, und sie schrieb noch lange, als er längst fertig war. Endlich machte sie die Türe auf und sprach: »Jetzt will ich lesen, was ich alles aufgeschrieben, wenn du es nicht hast, so gib mir ein Zeichen.«

Da las sie:

»Gebackene Pflaumen von Wolfenbüttel?«
Der Müller mit dem Kopf schüttelt.
»Ein verzuckerter Schweinskopf?«
Der Müller schüttelt mit dem Kopf.
»Eine Schneckenleber-Pastete?«
Der Müller mit dem Kopf drehte.
»Ein vergoldetes Kalbshirn?«
Der Müller schüttelt mit der Stirn.
»Lämmerschwänzchen, in Honig gebacken?«
Der Müller schüttelt mit den Backen.
»Ein kandierter Wasserhase?«
Der Müller schüttelt mit der Nase.

Endlich sagte sie:

»Gebrannte Mehlsuppe und Rührei?«
Der Müller sprach: »Es bleibt dabei.«

Dann las die Prinzessin noch:

»Einen frischen Starenbraten?«
Der Müller sprach: »Ach ja, Ihr Gnaden!«

Und die Tränen liefen ihm in die Augen, denn der Star sprach einmal übers anderemal laut und vernehmlich, aber mit sehr betrübter Stimme dazu: »Der schwarze Hans ist auch dabei«; und Radlauf merkte wohl, daß der gute Vogel vorausgefühlt haben müsse, daß ihn die Prinzessin aufessen werde; warum er das wußte und wie er es wußte und wozu es gut war, daß es geschah, das wußte damals kein Mensch und kein Star; vielleicht wird es im Fortgang dieser Märchen noch einmal bekannt.

Soviel ist gewiß, daß Radlauf wohl fühlte, er könne der Prinzessin keine Einwendung machen, so leid es ihm auch tat, den schwarzen Hans zu schlachten; denn er hatte ihr geschworen, alles,

was in seinem Vermögen sei, für sie als Speise zuzurichten, so sie es begehrte. Er verbeugte sich demütig vor der schönen Ameleya und sagte: »Sogleich werde ich die Ehre haben, Euer Holdseligkeit zu bedienen«, und somit zog er die Küchentüre wieder zu.

Wie sich der schwarze Hans umbringt, Radlauf und Ameleya ihn essen und nach Mainz ziehen.

Nun band sich Radlauf einen ganz neuen Mehlsack als Küchenschürze vor und nahm seinen Schleifstein und sein Messer zur Hand; denn er wollte dem Hans den Kopf mit einem recht scharfen Messer abschneiden, damit er nicht viel Schmerzen haben möge. Da er nun mit seinem Messer auf dem Wetzstein hin und her fuhr, fing der Star an, dazu zu sprechen:

»Messer, Messer, wetz, wetz, wetz,
Ist der Lohn für mein Geschwätz,
Hätt ich nicht so sehr geschwätzt.
Wäre ich ein Fürst bis jetzt.«

Als Radlauf diese bedeutungsvollen Worte des schwarzen Hansen hörte, hielt er mit Wetzen ein und redete sogleich, denn er hatte eine besondere Hochachtung vor Standespersonen in andern Umständen, den Vogel mit folgenden Worten an:

»Ihro Durchlaucht waren also ein Fürst, ach vielleicht gar von Geblüt; o dann getraue ich mich nicht, meine Hand an ihr gesalbtes Haupt zu legen, und so Euer Durchlaucht geruhen, werde ich dieselben der Prinzessin Ameleya vorstellen.« Der Vogel antwortete:

»Einst war ich Fürst von Staarenberg,
Mein Maul stand damals überzwerch;
Doch habe ich so viel geschwätzt,
Daß es ein Schnabel ward zuletzt.«

Dann bat er den Müller noch, ihn zu der Prinzessin zu lassen; er wolle nur die Ehre haben, sie vor seinem Tode noch einmal zu sehen, worauf er sich wieder einstellen wolle, um geschlachtet zu werden. Sein Testament sei bereits gemacht, er habe es mit Kienruß vermittelst seines Schnabels auf

einen Mehlsack vor einigen Tagen geschrieben, und werde es Radlauf zu seiner Zeit finden. Hierauf machte der gerührte Müller Tür und Fenster auf und sprach: »Ihro Durchlaucht können sich begeben, wohin sie wollen.«

Der Star aber flog nicht etwa zu dem Fenster hinaus; das fühlte er tief unter seiner Würde; er begab sich vielmehr zu Fuß mit langsamen anständigen Schritten in die Stube zu der Prinzessin, und Radlauf schloß die Türe bescheiden hinter ihm zu, horchte auch nicht am Schlüsselloch, weil ihn Staatssachen damals gar nicht interessierten.

Als Ameleya den Vogel hereintrippeln hörte, wendete sie sich zu ihm, und er flog vor ihr auf den Tisch, an welchem sie mit aufgestützten Armen nachdenkend saß. Er machte da mehrere Komplimente und rührende Stellungen vor ihr; die Prinzessin sah ihm verwundert zu und wollte eben über seine wunderlichen Manieren lachen, als der Vogel mit beweglicher Stimme zu ihr sprach:

»Gott grüß dich, schöne Ameley!
Der schwarze Hans ist auch dabei«

und mit seinem Schnabel eine goldne Nadel unter seinem Flügel hervor zog, die er sich so heftig in das Herz stieß, daß das Blut der Prinzessin auf den Arm spritzte. Als er niedersank, sagte sie mit Trä-

nen: »Ach, armer Hans, was hast du getan?« Da sprach der Vogel mit sterbender Stimme:

»Ade, du schöne Ameley!
Verzeih mir meine Schwätzerei;
Das schönste Grab wird mich beehren,
So du mich willst sogleich verzehren;
Der Müller soll auch essen mit,
Ich wünsch euch guten Appetit.«

Nach diesen Worten streckte er die Beine aus, schloß die Augen, sperrte den Schnabel auf und war mausetot.

Die schöne Ameleya zog ihm die Nadel aus der Brust und erkannte dieselbe als eine ihrer Haarnadeln, die sie vor mehreren Jahren einem Edelknaben zu Mainz geschenkt hatte, der bald darauf verschwunden war. Über sein Verschwinden ging das Gerücht unter den übrigen Edelknaben, er habe ihnen erzählt, daß die Prinzessin Ameleya ihm eine ihrer Haarnadeln geschenkt, und da sei er plötzlich in einen Star verwandelt worden und davongeflogen. Jetzt erkannte Ameleya nur zu gut die Wahrheit jenes Gerüchtes und vergoß bittere Tränen des Mitleids um den armen Hans und weinte und schluchzte so laut, daß Radlauf nach seinem Mühlrad ging, welches vorhin stehen geblieben war, um zu sehen, was es am Gange hindere; denn das Jammern der Prinzessin ging ihm so zu Herzen, daß er wünschte, er möge es vor dem Mühlgeklapper nicht mehr hören.

Da fand er nun zu seiner großen Verwunderung die Krone des Königs von Mainz, die, als der alte Herr sie in seinem Zorn dem Prinzen Rattenkahl an den Kopf hatte werfen wollen, in den Rhein gefallen war, in dem Getriebe seiner Räder hängen, wodurch sie stillgestanden waren. Kaum hatte er sie herausgenommen, so ging die Mühle wieder munter drauflos.

Als er nun wieder in die Mühle gehen wollte, sah er jenseits des Rheins einen Trompeter auf dem Rochusberg stehen; der blies, daß es in die Felsen hinein schmetterte, und rief dann etwas mit lauter Stimme aus. Auch sah er viele Fischer und Taucher auf dem Rheine herumfischen und schwimmen und tauchen und suchen. Einer von diesen sagte ihm nun: Der König von Mainz habe dem seine Tochter, die Prinzessin Ameleya, zur Gemahlin versprochen, der sie lebendig wiederbrächte, und wer sie tot bringe, der solle ein Schloß am Rhein haben, und wer sie samt der verlornen Krone zurückliefere, der solle sein Nachfolger sein.

Radlauf konnte ihn vor Freude gar nicht zu Ende hören; er versteckte die Krone in seinen Busen und hüpfte freudig nach der Mühle über die Wiese hin. Da er in die Küche kam, hätte er beinahe vor Freuden der Prinzessin »Juchheh, mein herzallerliebster Schatz!« zugerufen; aber das Wort im Munde erstarrte ihm, denn er sah die Prinzessin beschäftigt, den verstorbenen Herrn von Staarenberg zu rupfen. Sie pflückte so zärtlich an seinen Federn, die sie alle in ihr seidenes Schnupftuch tat, als fürchte sie, ihm weh zu tun, und unterdessen erzählte sie dem Müller den ganzen Selbstmord des schwarzen Hansen, salzte ihn mit ihren Tränen und steckte ihn an ihren großen silbernen Schnürnestel, um ihn zu braten; seine Eingeweide aber tat sie in eine Büchse, um sie in seinem Familienbegräbnis beisetzen zu lassen. Aus den Federn machte sie ein seidenes Kissen, welches sie immer auf ihrem Herzen trug.

Die gebrannte Mehlsuppe und die Rühreier waren auch fertig geworden, und der Herr von Staarenberg, der gutes Futter bei dem Müller genossen hatte, gab einen delikaten Bratengeruch von sich. Die schöne Ameleya nötigte den Müller zu Tisch und aß vor allem unter bittern Tränen ihr Teil von dem schwarzen Hans. Das Herz schnitt sie entzwei und gab die Hälfte dem Müller; aber kaum hatten beide davon gegessen, als es ihnen sehr wunderbar zu Mut wurde und sie eine große Liebe zueinander empfanden. Sie sahen sich immer einander an, und die schöne Ameleya sagte:

»Mein liebster Müller, es ist mir niemals so wohl gewesen als bei dir, und wenn du von Adel wärest, wollte ich mit niemand mein Leben zubringen als mit dir.« Radlauf aber sagte zu ihr:

»Allerschönste Ameley, ich habe einen reichen vornehmen Freund, den alten Rhein, er soll uns wohl helfen, er hat Euch mir in die Arme gegeben und wird wohl weiter Rat schaffen. Jetzt aber rüstet Euch, daß ich Euch zu Eurem Vater zurückführe.«

»Ach!« sagte die schöne Ameleya, »mein Vater ist sehr stolz und geizig, er wird uns gewiß nicht helfen, und wenn er unsere Liebe merkt, sind wir verloren.«

»Seid nur ruhig«, sagte Radlauf, »ich habe ein ganz anderes Glöcklein läuten hören«, und somit ging er mit Ameley, die ihn nicht mehr verlassen wollte, hinaus auf die Wiese und bat sie, ihm zu helfen, allerlei Kränze zu machen.

Während sie das tat, holte er seinen schönsten Esel und zäumte ihn mit bunten Bändern und schmückte ihn mit den Kränzen. Auch die schöne Ameleya wurde mit Blumen geziert und setzte sich dann auf den Esel. Er selbst setzte die Krone des Königs auf, tat seine Feierkleider an und führte, in der einen Hand eine blühende Königskerze tragend, den Esel mit der schönen Ameley nach Mainz.

Ihre Gespräche unterwegs waren von lauter Liebe und Freundlichkeit, und sie übereilten sich gar nicht; der Esel machte einen Schritt nach dem andern. In den Dörfern entstand die größte Freude; jedermann, der ihnen begegnete, pries den guten Müller Radlauf selig und schloß sich dem Zug an; viele aber eilten mit der frohen Nachricht voraus.

Kaum hatte nun der König gehört, ein Müller habe die schöne Ameleya gerettet und bringe sie, als er bekannt machen ließ, kein Mensch solle bei Todesstrafe ein Wort davon sprechen, daß er die Tochter dem Finder zur Braut versprochen.

Wie Radlauf betrogen ward, dem König von Mainz den Krieg erklärte, was er nachher in seiner Mühle träumt und wie er die Königin und Rattenkahl von Trier begräbt.

Der Zug kam Mainz immer näher, und als die schöne Ameleya die Fenster des Schlosses in der Abendsonne spiegeln sah, weinte sie vor Traurigkeit, und als sie über die lange Rheinbrücke zogen, weinte sie noch viel mehr und sagte zu dem Müller: »Lieber Radlauf, nimm diesen Ring zum Angedenken«, und gab ihm einen Ring, »und diesen Kranz, wirf ihn in den Rhein, daß er uns helfe.« Das tat der Müller, und sie zogen in die Stadt ein und vor das Schloß.

Der König lag mit der Königin am Fenster, und als Radlauf sie sah, machte er mit dem

Esel halt, schwenkte die Krone und rief hinauf: »Ich wünsche Euch einen guten Abend, Herr Schwiegervater und Frau Schwiegermutter! Hier bringe ich Euch meine Braut, Eure Tochter, die schöne Ameleya lebendig: Nun sagt mir öffentlich vor dem Volke zu, was Eure Trompeter ausgeblasen haben, so sollt Ihr Euer Kind wieder in Eure Arme schließen.« Die schöne Ameley ward rot bis über die Ohren, als Radlauf so mutig hinaufschrie; der König und die Königin wurden aber vor Bosheit totenbleich, und plötzlich drangen mehrere Trabanten aus dem Schlosse, rissen die schöne Ameley vom Esel und brachten sie ins Schloß, dessen Tore sie dem nacheilenden Radlauf vor der Nase zuschlugen; zugleich wurden auch alle Fenster des Schlosses zugemacht, und der betrogene Radlauf mochte pochen und jammern, wie er wollte, er bekam keine Antwort.

Er hatte aber den schwarzen Hans halb im Leibe und war voll Mut und erklärte, auf seinen Esel steigend, dem König von Mainz laut den Krieg, worüber die Mainzer Bürger ihn höhnisch auslachten und die Kinder ihn den Eselsritter nannten. Da aber einige brave Leute ihm beistanden und laut den König wortbrüchig nannten, ließ der König sogleich ausrufen, jedermann solle sich nach Hause begeben, und man solle den wahnwitzigen Müller ruhig heim ziehen lassen.

Weil sich nun das Volk noch nicht verlor, ließ er einen hohen Galgen vor dem Schlosse aufrichten, vor welchem die Mainzer mit großem Respekt nach Hause gingen. Als sie alle fort waren, stand der arme Radlauf mit seinem Esel allein da. Er sah die Sonne untergehen ganz rot in den Rhein, und blickte an die Fenster, ob er seine schöne Ameleya nicht sehen könnte: Da warf man plötzlich alle die Kränze oben herab, mit denen er die schöne Ameley geziert hatte.

Er las sie sorgsam auf und hängte sie an seinen Esel, und da es bereits dämmerte, ging er an den Galgen und hängte des Königs Krone daran und schrieb dazu:

»Zum ewigen Angedenken
Häng ich hier deine Krone,
Wo du, meineidiger König!
Zu deines Undanks Lohne
Heut selber müßtest hängen.«

Dann drehte er seinen Esel herum und ritt ruhig wieder nach Haus.

Unterwegs dachte er, wie er es anfangen sollte, den König zu bestrafen; aber immer kamen seine Gedanken auf die schöne Ameley, und er vergaß allen Zorn und fiel in eine tiefe Schwermut. Als ihm seine Mühle entgegenklapperte, fiel ihm sei-

ne Armut und seine heutige Hoffnung recht aufs Herz, und als er seinen Esel eingestellt und seine Stube betreten hatte, wurde er sehr betrübt. Alles lag, wie die schöne Ameleya es verlassen, und sein Bett war noch eingedrückt von ihr. Alles ließ er, nichts getraute er sich zu verrücken, es war ihm alles heilig.

Als er in die Kammer trat, wo ihm sonst sein Star entgegen geschrien, und er nun den leeren Käfig ansah, rief er aus: »Ach armer, schwarzer Hans! Kaum war dir der Adel über den Schnabel gekommen, so konntest du nicht anders, du mußtest aus Höflichkeit sterben und gefressen werden; ach ich armer Müller! Kaum nenne ich den König Schwiegervater, so läßt man mir den Galgen vor die Nase bauen; aber ich lasse nicht ab, bis mir mein Recht gehalten wird, und sollt ich beim Kaiser selbst appellieren.« Nun ging er auf seinen Mühldamm; es war zwölf Uhr in der Nacht; aber er wollte doch noch seinem alten Freund, dem Rhein, gute Nacht sagen und sang ihm folgendes Lied, indem er ihm die Kränze der schönen Ameley zuwarf:

Wie oft ich dir gesungen,
Weißt besser du als ich;
Wie manchen Kranz geschlungen,
Weißt besser du als ich.

Die hohen Sterne schwanden
So düster heut in dir,
Es schwanden die Gedanken
So düster heut in mir.

Dir schickt die Blumenkette
Die schöne Ameley,
O helfe mir erretten
Die schöne Ameley.

Wie froh mein Herz geschlagen,
Weißt besser du als ich;
Wie ich mein Leid soll klagen,
Weißt besser du als ich.

Du gabst mir in den Wellen
Die schöne Ameley,
O wolle mir gesellen
Die schöne Ameley.

Gute Nacht, tu dich bedenken,
Was mir das beste sei;
Tu in dem Traum mir schenken
Die schöne Ameley.

Da er dies gesungen, ging er nach Hause und legte sich auf die bloße Erde neben das Bett, wo heute die schöne Ameley geruht; denn er wollte dies nicht verändern, und so schlief er ein und hatte folgenden Traum. Er sah den alten Rhein wieder, der saß im Rohr und schnitt eine Pfeife, und als er ihn fragte: »Für wen ist die Pfeife?« sprach der Rhein: »Für dich und deine Armee, du sollst sie in dem Kriege blasen, den du dem König von Mainz angekündigt.« Als er ihn fragte, woher er die Soldaten erhalten sollte, sagte der Rhein, vom Prinzen Rattenkahl im Binger Loch.

Da erwachte der Müller, und dachte seinem Traum lange nach und konnte nicht klug daraus werden; doch hatte er einen großen Glauben an den Traum und ging am Rhein hinab an das Binger Loch spazieren, und da er dort ein schönes Rohr fand, schnitt er sich eine Rohrpfeife und setzte sich auf eine Felsenspitze und pfiff ein lustiges Lied. Kaum hatte er ein Stückchen gepfiffen, als er wieder ein großes Gepfeife hörte und eine

Menge schwarzer Mäuse um den Felsen heraufkriechen sah; an ihrer Spitze stand eine große Ratze, welche sich auf die Hinterbeine setzte und also zu ihm sprach: »Mein lieber Müller Radlauf, was steht zu deinen Diensten?« Da sagte Radlauf: »Ein paarmal hunderttausend Mann gegen den König von Mainz, der mir die schöne Ameley nicht geben will.« – »Von Herzen gern«, sagte die Ratze, »aber du mußt mir auch einen Gefallen tun und den Prinzen Rattenkahl und seine Frau Mutter, bei der ich bis jetzt in Diensten gestanden und die im Binger Loch verunglückt sind, begraben.« – »Das ist nicht mehr als Schuldigkeit«, sagte Radlauf. »Ihre Körper«, erwiderte die Ratze, »liegen bei dem Binger Loch auf der Insel, wo du sie begraben kannst, bis die Leute von Trier es erfahren und sie abholen; wenn du das verrichtet hast, so gehe nach Mainz mit deiner Pfeife, und sobald du pfeifst, komme ich mit allen Mäusen der ganzen Welt, denn ich bin der Rattenkönig und helfe dir.« – »Aber der schönen Ameleya dürft ihr nichts tun«, sagte Radlauf. »Behüte Gott«, sagte die Ratze, und so war der Bund geschlossen.

Nun setzte sich der Müller auf seinen Kahn und fuhr hinüber auf die Insel mit Hacke und Spaten. Da fand er den Prinzen Rattenkahl und seine alte Mutter, die Königin von Trier, auf dem Sande liegen, und eine Menge Ratten um sie herum, welche

sie bewachten. Er machte in die Mitte der Insel zwei schöne Gruben nebeneinander, die er mit Kräutern und Blumen ausstreute, wobei ihm die Ratten sehr fleißig halfen. Dann legte er die beiden hinein und faltete ihnen die Hände. Bei dem Prinzen gelang es ihm, aber bei der Königin ging es nicht; denn sie hatte zwei Fäuste gemacht, und die konnte er nicht aufkriegen. Er ließ ihnen allen Schmuck; ja er putzte ihnen noch ihre Kronen mit Rheinsand wieder blank, da sie von dem Schlamm trüb geworden waren.

Auf das Grab aber legte er einen Stein, auf welchen er folgende Inschrift machte:

Hier ruht
Die Königin von Trier,
Prinz Rattenkahl auch neben ihr,
Sie zogen auf die Freierei
Nach der schönen Ameley;
Im Binger Loch ertranken sie;
Der Müller Radlauf begräbt sie hie;
Er hat sich eine Pfeif' geschnitten
Und ist nach Mainz in Krieg geritten,
Der Rattenkönig steht ihm bei,
Daß Gott gepfiffen und getrommelt sei.

Wie Radlauf die Mäuse zu Mainz zusammenpfeift, das Testament des schwarzen Hans auf seiner Mühle findet und in den Schwarzwald abreist.

Als Radlauf das Begräbnis vollendet hatte, war es schon Abend geworden; aber er ritt dennoch nach Mainz, und es schlug zwölf Uhr in der Nacht, als er allein vor dem Schlosse stand. Ach Gott! dachte er, wenn ich nur die schöne Ameley noch einmal sehen könnte, ehe ich meinen Krieg anfange, vielleicht könnte noch alles gut gehen. Mehreremal wollte er seine Pfeife an den Mund setzen, aber immer unterbrach ihn irgendein Geräusch, und er glaubte immer, das könnte Ameley sein, und er blies nicht. Aber endlich hörte er ein Fenster aufgehen und folgendes Lied singen:

Da drunten am treulieben Rheine
Treibt Treue und Liebe ein Rad,
Da weinet sein Herz um das meine
Betrübet durch bittern Verrat;
Das Wort ward dem Müller gebrochen,
Doch stehet die Mühle nicht still,
So lange zwei Herzen noch pochen,
Und eines zum anderen will.

Bring Schwalbe rheinabwärts geflogen
Dem Herzen vom Herzen den Gruß
Und Welle, der er mich entzogen,
Kühl dankend dem Retter den Fuß;
Sag Sonne ihm, jetzt an dem Bogen
Des Himmels verblutend so rot:
Das Herz, das du trugst aus den Wogen,
Bleibt dankbar und treu bis zum Tod.

Der Müller erkannte bald die Stimme der schönen Ameley und war sehr gerührt, denn er merkte wohl, daß sie mit der Mühle, von der sie sang, seine Mühle meinte; und er sang ihr wieder:

Da droben auf jenem Schlosse,
Da singet ein Jungfräulein,
Das hab ich wohl gestern gezogen
Aus dem tiefen blauen Rhein;
Sie ist's, um die ich freie,
Der Vater versaget sie mir:
Gott grüß dich, schön Ameleye!
Der Müller steht vor der Tür.

Man kann sich wohl denken, wie die schöne Ameley erfreut wurde, als sie Radlaufs Antwort hörte, ach leider hatte sie ihm nichts Gutes zu sagen und sang ihm wieder:

Ach Radlauf, lieber Radlauf,
Ich bitt dich, zieh nach Haus;
Mein Väterlein will dich henken
An den hohen Galgen hinaus:

Mein Mütterlein will dir schenken
An den Hals einen Mühlenstein,
Und dich, meine Lieb, versenken
Wohl in den tiefen Rhein.

Dieser Vers gefiel dem Müller gar nicht, und er sang wieder hinauf:

Ich hab einen Traum geträumet
Von blauen Rittersporn,
Von goldnen Kaiserkronen,
Der wird mir zu Disteln und Dorn.
Mausöhrlein trägt nun mein Garten;
Gut Nacht, schön Ameley;
Nun steig ich auf die Warte
Und mach ein Feldgeschrei.

Mein Völklein soll nun ziehen
In des Königs Land einher;
Er wird ihm nicht entfliehen,
Sie sind wie der Sand am Meer;
Sie tragen graue Pelze
Und führen scharfe Zähn';

Kein Hälmlein auf dem Felde
Soll ihnen sicher stehn.

In deiner Mutter Speiskammer
Soll'n sie zur Tafel gehn;
In deines Vaters Krautgarten
Soll'n sie spazieren gehn;
Den Thron ihm ganz verderben
Und seines Hauses Schwell,
Und wenn auch hundert sterben,
Stehn tausend auf der Stell.

So lang bis er wird halten
Sein hohes Königswort,
Soll'n meine Landsknecht schalten
Mit Rauben und mit Mord;
Dich werden sie verehren,
O schöne Ameley!
Das tu den König belehren,
Leb wohl und bleibe treu!

Als er dies gesungen hatte, sagte ihm Ameley weinend gute Nacht und machte das Fenster zu; denn sie wurde von ihrer Mutter gerufen.

Radlauf ging hinauf auf einen Felsen, der Eichelstein genannt, und pfiff einen lustigen Marsch, und kaum hatte er einige Minuten gepfiffen, als er in der Ferne ein großes Gezwitscher hörte. Der

Nachtwächter ging vorbei und sagte: »Ei, pfeift der Wispelwind heut närrisch im Rheingau!« Die Schildwache aber sagte: »Nein, ich glaube, es sind die Grillen.« Da machte ein Bäcker seinen Laden auf und sagte: »Ei, was zwitschern die Schwalben heute wunderlich!« Dann guckte ein Schneider zum Fenster heraus und sagte: »Wie heut dem Scherenschleifer sein Rad seltsam zischt!« Der Nachtwächter sagte dann wieder: »Es pfeift wie hunderttausend neue Schnupftabakdosen!« Die Schildwache sagte: »Ich glaube, das wilde Heer wetzt die Jagdmesser«, und so kamen sie in einen lauten Streit, was es sei.

Aber das Pfeifen ward immer stärker, und die Leute wachten auf, und in allen Fenstern ward Licht; Radlauf aber zog ruhig zur Stadt hinaus und sagte hie und da, wo ihn die Leute fragten, was wohl das entsetzliche Gepfeif sei, das werde wohl des Müllers Radlauf Kriegsvolk sein, dem der König nicht Wort gehalten.

Als das Pfeifen immer stärker wurde, glaubte der König im Schlaf, es sei die Königin, die so mit der Nase pfeife, und er gab ihr einen Schlag, daß sie aufwachte und bös ward und ihn wieder schlug.

Er sagte, sie solle nicht so pfeifen; aber bald bemerkte sie es wohl, denn die ganze Stadt war in Alarm und alles schrie: »Mäuse! Mäuse!«

Nun konnte weder der König noch die Königin

eine Maus sehen, ohne in Ohnmacht zu fallen, solchen Widerwillen hatten sie gegen diese Tierchen; aber das half hier nichts, denn in wenigen Minuten liefen sie schon außen an den Schloßfenstern in die Höhe, und es war ein solch Geknister und Gepfeife in allen Wänden, daß man in steter Todesangst war.

Nun waren zwar viele Katzen in Mainz; aber der König ließ sie alle wegfangen und um seine Stube herum setzen, und das Volk war ganz hilflos. Es war ein Geschrei, daß man sein eigen Wort nicht hörte; denn nun kamen noch die Bauern

aus den ringsum liegenden Dörfern und schrien, daß die Mäuse ihnen alles Getreide abfressen und das Korn auf den Speichern.

In solcher Angst war die Sonne aufgegangen, und es ward von den Mäusen etwas stiller; denn sie lieben das Licht nicht. Der geängstigte König und die Königin steckten den Kopf unter der Bettdecke hervor, und die schöne Ameleya trat herein, und sagte, wie sie gar nichts von den Mäusen gelitten habe, und wie ihr der Müller Radlauf heut nacht im Traume erschienen sei und ihr gesagt habe, ehe der König sein Wort nicht halte, werde er seine Kriegsvölker nicht zurückziehen.

Als der König dies hörte, erinnerte er sich auch an die Worte der Königin von Trier, die ihm auf dem Rhein zugerufen hatte: »Ei, daß dich das Mäuschen beiß!« und er befahl nun, es sollten gleich zwei Trompeter zu Radlauf reiten und ihn höflich einladen, zu einer Unterredung nach Mainz zu kommen.

Als die Trompeter nach Radlaufs Mühle kamen, stand dieser vor der Türe und schrie ihnen entgegen: »Schon gut, ihr Herren! Ich komme schon; ich kann mir schon denken, was ihr wollt«, und ohne sie nur anzuhören, sattelte er seinen Esel und ritt mit ihnen nach Mainz.

Seine Pfeife hatte er umhängen, und als er zum Tor einritt, pfiff er einige Töne, worüber alle Mäuse sich verkrochen und still wurden.

Als er vor dem Schloß stand, sah der König zum Fenster heraus und konnte vor Zorn kaum reden; aber endlich sammelte er sich und sprach: »Müller Radlauf! Wie hast du mir die Mäuse ins Land gebracht?« – »Mein gnädiger Herr Schwiegervater!« sagte Radlauf, »mit dieser Pfeife.« – »Und wo hast du die Pfeife her?« – »Die hat mir mein Freund, der alte Rhein, im Rohr geschnitten.« – »Müller Radlauf! Du willst mich zwingen, dir die schöne Ameley zu geben, und ich will es auch tun; schicke mir zu einem Zeichen deines Vertrauens deine Pfeife herauf.« – Sogleich nahm nun der Müller seine Pfeife und gab sie den königlichen Bedienten, die sie in das Schloß trugen; sodann kamen einige Trabanten und führten den Müller auch in das Schloß und machten die Tore zu.

Aber der arme Radlauf, welcher froh die Treppen hinauf zur schönen Ameley springen wollte, wurde auf Befehl des falschen Königs in einen finstern Kerker geworfen. Die schweren eisernen Riegel rasselten hinter ihm zu, und er war in seinem Elend allein.

Kaum daß er eine halbe Stunde unter bittern Klagen auf dem Stroh gesessen, raschelte etwas zu seinen Füßen, und er sah den großen Rattenkönig, mit dem er zuerst den Bund geschlossen, vor ihm sitzen und also sprechen: »Mein guter Freund und Bundesgenosse, du hast deine Sache schlecht ge-

macht; durch deine Treuherzigkeit hast du dich und mein ganzes Volk in des falschen Königs Hände gebracht; mich allein, bitte ich dich, wenigstens zu retten; halte mir die Ohren zu, daß ich es nicht höre, wenn man mein Volk fortpfeift. So bleibe ich bei dir, und dann wollen wir sehen, was weiter zu tun ist.« Unter bittern Tränen hielt nun Radlauf dem Rattenkönig die Ohren zu; denn er hörte schon die Pfeife klingen und das entsetzliche Geschwirre der Mäuse.

Der König ließ nämlich von einem Bettelvogt, der auf einem kleinen Nachen im Rhein stand, alle Mäuse und Ratten in den Fluß pfeifen, und es dauerte wohl mehrere Tage, bis sie alle fort waren; dann warf der Bettelvogt die Pfeife auch ins Wasser und fuhr wieder zurück.

Der arme Radlauf konnte in diesen Tagen gar nicht schlafen; denn er mußte dem Rattenkönig immer die Ohren zuhalten, und sie lebten indessen von Wasser und Brot. Auch hörten sie beständig durch das Kerkerfenster von den Straßenjungen Spottlieder auf Radlauf absingen, was der König allen Einwohnern befohlen hatte.

Als aber die Pfeife endlich schwieg, sank Radlauf in einen tiefen Schlummer, den er doch nicht lange genoß; denn der Rattenkönig kitzelte ihn an der Nase, und da er erwachte, sagte er: »Nun strenge alle deine Kräfte an, uns zu retten; sieh, ich habe unter diesem Stein einen unterirdischen Gang entdeckt, durch den wir entfliehen können.« Radlauf machte sich schnell an die Arbeit, und bald hatten sie den Stein so in der Höhe, daß sie hinunter konnten und daß er wieder hinter ihnen zufiel. Der Müller ließ sein Wams zurück, und so zogen sie bei zwei Stunden weit im Dunkeln fort. Bald hörten sie ein großes Rauschen über sich, und als der Müller sagte: »Vater Rhein, es ist mir als hört' ich deine Stimme«, antwortete es ihm: »Ja, mein Freund, ich rausche über deinem Haupt«, und nun zogen sie noch eine Viertelstunde, da schrie der Rattenkönig: »Licht! Licht!«, und sie kamen im Gebirge bei einer kleinen Kapelle unter vielen wilden Hecken wieder aus der Erde.

Der Mond schien und der Himmel war voll Sterne; sie sahen, daß sie unter dem Rhein durchgegangen waren. Hier sagte ihm der Rattenkönig Lebewohl und zog seinen Weg, und Radlauf kniete bei der Kapelle nieder und sagte Gott von Herzen Dank für seine wunderbare Errettung.

Hernach begab er sich wieder nach seiner Mühle und klagte abends dem Rhein seine Not, und da er zu Bette gehen wollte, suchte er unter seinen Mühlsäcken herum, sich ein Lager daraus zu machen, und legte sich zurecht und schlief ruhig ein.

In der Nacht aber träumte ihm, er sei in einem großen Schloß und habe Diener um sich und werde hochgeehrt; nichts aber fehlte zu seinem Glück als die schöne Ameleya, und er reite nach Mainz, um sie zu suchen; aber das ganze Mainzer Schloß sei leer und alles voll Traurigkeit; dann reite er wieder nach seiner Mühle, die könne er aber gar nicht finden, und höre sie doch immer klappern, und so reite er bis in den Rhein. Als er aber das Wasser fühlte, erschrak er und da wachte er auf. Siehe da, er hatte auf dem Sack geschlafen, auf welchen der Herr von Staarenberg sein Testament geschrieben; der Tag graute schon, und er trat mit dem Sack ans Fenster und las wie folgt:

»Mein lieber Müller Radlauf! Wenn du dieses liest, bin ich vielleicht schon tot. Herzlich danke ich dir für die viele Geduld, die du gehabt, mich schwätzen zu lehren; ach, wenn du gewußt hättest, daß ich nur zu viel geschwätzt, und daß ich meinen jetzigen geringen Stand nur durch das Plaudern habe: du hättest dir keine Mühe weiter mit mir gegeben. Nun aber begebe dich in den Schwarzwald und suche den Grubenhansel und zeige ihm meinen Siegelring, den du im Käfig finden wirst und deinen Mühlknappenbrief; er wird dir mehr erzählen, und wenn du auf meinem Grund und Boden bist, so gedenke meiner und gönne den Überresten meines Lebens ein ehrliches Grab bei meinen Vorfahren.

Der schwarze Hans von Staarenberg.«

Mit Tränen benetzte Radlauf diesen Letzten Willen des schwarzen Hans und eilte nach dem Käfig, und fand da hinter dem Freßtröglein einen goldnen Siegelring, auf dem ein Berg, ein Star und ein Mühlrad gestochen war; den nahm er zu sich und beschloß nun seine Reise nach dem Grubenhansel zu richten, und seine Mainzer Händel einstweilen beruhen zu lassen.

Zuerst nahm er Abschied von seiner Mühle und schloß sie zu. Nichts nahm er mit als den Käfig, den Siegelring und den Mehlsack. Dann fuhr er nochmals auf die Insel im Binger Loch, wo er wußte, daß sich der Rattenkönig aufhielt, und dem er noch ein Säckchen seines Weizenmehls schenken wollte.

Kaum hatte er sich dem Grabsteine der Königin von Trier genaht: als auch der Rattenkönig erschien, der einen langen Trauerflor an hatte, und da Radlauf ihn gefragt, was der lange Flor bedeute, sagte er ihm: »Ich trauere um die Meinigen, die durch deine Treuherzigkeit in ihren Tod gegangen sind.« – »Hier hast du ein Säckchen Mehl«, sprach Radlauf. – »Ich danke dir«, sprach der Rattenkönig, »es tut not, denn es werden teure Zeiten kommen.« Dann erzählte ihm Radlauf, daß er eine Reise vorhabe und daß er komme, von ihm und den zwei hier begrabenen Ehrenleuten Abschied zu nehmen. Hierauf pflanzte er noch Thymian und Rosmarin aufs Grab und sagte dem Rattenkönig: was er für die schöne Ameleya in seiner Abwesenheit tun könne, solle er ihm aus alter Freundschaft tun; das versprach ihm dieser und sie trennten sich.

Nun stieg Radlauf auf seinen Mühldamm und sah noch einmal in den Rhein und gegen Mainz hin; aber er war so betrübt, er konnte nicht singen und sagte nur immer: »Leb wohl, Vater Rhein! Dir empfehle ich meine Mühle, dir empfehle ich die schöne Ameley!« Und unter solchen Worten schied er von dannen ins Gebirg.

Schwarzes Gewölk bedeckte den Himmel; alles war still und traurig ringsum, und der Rhein schlug mit den Wellen gegen das Ufer, als wolle er ihm Lebwohl sagen, da verbarg ihn der Wald.

Wie König Hatto von Mainz die alte Königin von Trier und den Prinzen Rattenkahl am Galgen beschimpfte, und wie der Prinz Mausohr von Trier die Kinder zu Mainz aus Rache in den Rhein pfiff und sich dann am Grabe seiner Mutter mit dem Rattenkönig unterredete.

Als der König von Mainz die Mäuse los geworden war, bestellte er ein großes Fest in Mainz, bei welchem er den hohen dreibeinigen Galgen ganz mit Ratzen benageln ließ; dann ließ er von Stroh einen Mann machen und ihm einen Mäusepelz anziehen, und eine Frau, von Lumpen ebenso gekleidet, die ließ er auf einen Wagen setzen, dem alle Kinder mit kleinen Pfeifen folgen mußten, und mit diesem Wagen fuhr man an das Gefängnis Radlaufs, den man auch dazu setzen wollte.

Aber wie erschraken sie, da sie niemand in dem Kerker fanden als das Wams des Müllers und einige Totenbeine, die wohl schon lange da gelegen waren. Nun glaubte man allgemein, die Ratzen und Mäuse hätten den Müller gefressen und machte es bekannt. Der König bedauerte sehr, daß er ihm keinen Schimpf mehr antun konnte; ließ aber doch sein Wams neben dem ausgestopften

Rattenkahl und der lumpenen Königin aufhängen und dabei die Kinder mit ihren Pfeifen ein abscheuliches Gequieke machen.

Als die schöne Ameley den Tod des Müllers vernahm, ward sie sehr traurig und ließ von ihrer alten treuen Magd im Kerker nachsuchen, ob man nicht unter den Gebeinen ihr Ringlein finde.

Da die Alte darin herum suchte, kam aber auf einmal der Rattenkönig und sagte: »Mütterchen! was sucht ihr?« – Die Alte erschrak anfangs sehr und fürchtete, die Ratze möchte sie auch fressen; aber als diese ihr sagte: »Grüße die schöne Ameley von dem Müller Radlauf und sage ihr, daß er noch frisch und gesund und daß er nur verreist sei, sie soll ihm treu bleiben und sich nur immer stellen, als wenn sie ihn tot glaubte.« – Da ward die Alte sehr froh und begab sich zurück und brachte der schönen Ameley die fröhliche Nachricht.

Nachdem der böse König sein Fest begangen hatte, kam die Nachricht nach Trier, der Prinz Rattenkahl und seine Mutter hätten eine gar traurige Hochzeit in Mainz gehalten; denn der König habe sie an den hellen, lichten Galgen gehängt, und die Kinder hätten sie noch dazu ausgepfiffen.

Nun hatte Rattenkahl noch einen kleinen Bruder, der Mausohr hieß, dem wurde das auch erzählt, und der kam darüber in einen solchen Zorn, daß er gar nicht wußte, was er anfangen sollte, und man mochte ihm sagen, was man wollte, so schrie er immer: »Die bösen Kinder, die meine Mutter und meinen Bruder ausgepfiffen, will ich strafen.« Das trieb er so lange, bis er endlich einmal einen vornehmen General zu sehen kriegte, der ihm eine tiefe Verbeugung machte, da schrie ihm Mausohr zu: »Mit Verbeugungen ist mir nicht gedient, so lange meine Mutter und mein Bruder zu Mainz ausgepfiffen werden von den Straßenjungen.« – Als die Soldaten, die hinter dem General so schön gerade wie die Wachspuppen herzogen, dies hörten, fingen sie an mit dem General zu zanken, und fragten ihn, warum er sie immer und ewig herum spazieren führe, er solle sie nach Mainz bringen, daß sie ihren Fürsten abholen könnten. Der General aber sagte ihnen: »Ihr seid alle meine Kinder; wenn unser nur mehr sind, so soll es schon besser werden; laßt uns nur abwarten, wie die Courage dieses Jahr gerät.« – Aber die Soldaten waren so wild und tapfer, daß sie mannshoch in die Höhe sprangen, und einige stellten sich auf den Kopf und präsentierten mit den Füßen das Gewehr.

Als die Vornehmsten des Landes dieses sahen, beschlossen sie, die Soldaten einstweilen an Ketten zu legen, daß sie noch immer wütiger würden, um sie dann zur rechten Zeit nach Mainz zu führen; dies ließen sie dem kleinen Prinz Mausohr durch seinen Hofmeister sagen, und zugleich, daß er, wenn er sich gut aufführe, mitziehen sollte, und hernach gar König werden.

Mausohr schwieg still dazu und dachte sein Teil für sich. Er wartete, bis es Nacht war, und schnarchte von ganzem Herzen, daß der Hofmeister glaubte, er schlafe ganz fest, und auch einschlief.

Da stand aber Mausohr leise auf und nahm sich einige Stücke Brot und sein ABC-Buch mit und schlich sich eilends der Stadt hinaus gegen Mainz zu. Er lief die ganze Nacht durch einen dicken Wald, und da er gegen Morgen auf eine Wiese kam, wodurch ein Bach floß, legte er sich ins hohe Gras, ein wenig zu schlafen. Kaum aber hatte er ein wenig geschlafen, als er durch ein großes Geschnatter erweckt wurde; er guckte sich um und sah einen Storch mit großen langen Beinen auf der Wiese anmarschiert kommen, und hinter ihm drein liefen viele, viele Kinder, die sich um den Storch herumstellten, und ihre Lektion hersagten.

Der Storch schrie: A – B: ab, B – A: ba – Abba und so fort schrien es ihm die Kinder immer nach, und wenn eins nicht ordentlich antwortete, schlug er tüchtig mit seinem Schnabel drauf los, daß sie gewaltig schrien.

Dem Prinzen Mausohr machte dies viel Vergnügen und er fing auf einmal an laut zu lachen, worauf die Kinder auch lachten: so daß der Storch ganz böse ward und tüchtig auf sie schlug; da fingen die Kinder alle an zu schreien: »Dort sitzt einer, der macht uns lachen.« – Da lief der Storch so schnell gegen den Prinzen, daß er über ihn stolperte und hinfiel, worüber die Kinder wieder sehr lachten; darüber ward der Storch nun dermaßen unwillig, daß er gewaltig zu klappern anfing und eben dem Prinzen Mausohr einen rechten Schlag mit dem Schnabel geben wollte; dieser hielt ihm aber sein ABC-Buch vor, worauf ein großer Storch abgebildet war, und da der Meister Langbein

dies sah, geriet er in die größte Verwunderung, und machte die lustigsten Sprünge um den Prinzen Mausohr. »Herr Storch«, sagte nun Mausohr, »sind Sie nicht böse auf mich, daß ich gelacht habe, aber es hat mich ein Gräschen in der Nase gekitzelt, und ich will Ihnen auch mein ABC-Buch schenken, auf welchem Sie so schön abgebildet sind.« Der Storch war hierüber sehr vergnügt und gab den Kindern Spieltag, die das kaum gehört hatten, als sie schnell und lustig in den Wald fort liefen.

Nun unterredete sich der Storch recht artig mit Mausohr; dieser fragte ihn, wer ihn denn zum Schulmeister gemacht habe, und der Storch erzählte ihm: Sein Vater sei hier im Lande auch Schulmeister gewesen, und sein Groß- und Urgroßvater auch; denn da er den Leuten die Kinder bringe, so müsse er sie ihnen auch unterrichten; denn die Bauern hierherum seien nie zu Haus und immer in der Fremde Korn zu schneiden, so hüte er einstweilen das Dorf, das hinter dem Wald liege und führe die Wirtschaft, sonntags predige er auch. Dann ließ er sich von Mausohr das ABC-Buch explizieren und hatte eine große Freude daran. Nun fragte Mausohr ihn noch: »Bester Herr Schulmeister, wie machen Sie es denn, daß die Kinder Ihnen gehorchen?« – »Ei«, – sagte der Storch, – »dahinten am Bache, da steht ein Rohrgarten, welcher mir gehört, den hat mein Urgroßvater noch gepflanzt, und wenn ich mir von dem Rohr eine Pfeife schneide und darauf pfeife, müssen mir alle Kinder nachlaufen, wohin ich will.« – »Könnten Sie mir wohl für mein ABC-Buch so eine Pfeife schenken?« – sagte Mausohr. – »Mit Vergnügen« – sagte der Storch und lief fort und brachte ihm bald eine sehr schöne Pfeife, worauf Mausohr sich ihm empfahl und ihm versprach, wenn er glücklich von seiner Reise zurückkehre und sehe, daß er die Kinder aus dem ABC-Buch gut unterrichtet habe, wolle er ihm einen warmen Weck mitbringen; worüber der Storch vor Freude wieder hoch in die Höhe hüpfte und ihn mit großem Geklapper verließ.

Mausohr steckte seine Pfeife sehr vergnügt in seine Mütze; denn er trug eine hohe Mütze von weißen Mausepelzen und ging munter auf Mainz los.

Unterwegs wünschte er seine Pfeife zu probieren, als er auf eine Wiese kam, wo ein Gänsejunge und ein Gänsemädchen Hirsenbrei miteinander aßen. Er tat aus der Ferne nur einen Pfiff auf seiner Pfeife, als sie ihren Brei verließen und auf ihn zu rannten.

Nun, dachte er, will ich die bösen Mainzer Kinder, die meinen Vater und meine Mutter ausgepfiffen haben, so auspfeifen, daß sie nimmermehr hineinkommen sollen, und indem er so dachte, setzte er ein Bein so schnell vor das andere, daß er die Türme der Stadt bald vor Augen sah. Nun konnte er sich vor Unwillen gar nicht mehr halten und marschierte munter in die Stadt hinein.

Wie wunderte er sich aber, daß er keinen Menschen auf der Straße fand. Alles war wie ausgestorben; da kam er an eine Kirche und hörte gewaltig drin singen und Orgel spielen; er horchte am Schlüsselloch und sah alle Weiber drin und hörte sie singen:

»Dank und Preis!
Fort sind die Mäus!«

Da schob er ganz leise den Riegel vor die Kirchentüre und ging an eine andere Kirchentüre und horchte wieder, da sangen alle Männer drin:

»Dank und Preis!
Fort sind die Mäus!

Der Müller hat im Turm gesessen,
Da haben ihn die Mäus gefressen.«

Da schob Mausohr wieder den Riegel vor die Türe und kam endlich an eine noch weit schönere Kirche, da klangen Pauken und Trompeten drin, und als er durchs Schlüsselloch sah, erblickte er den König und alle Hofherrn darinnen, und es war da ein gewaltiger Spektakel mit Singen und Klingen, und er hörte die Worte singen:

»Dank und Preis!
Fort sind die Mäus!
Der Müller hat im Turm gesessen,
Da haben ihn die Mäus gefressen!
Der Rattenkahl
Nebst Frau Mama, Juheisasa!
Die hängen an dem Galgenpfahl!
Ein sauber Paar!
Der Herr bewahr
Uns vor solchen Bräutigamen!
Amen! Amen!«

Als Mausohr nun dieses vernommen, war sein Zorn und Unwille aus der Maßen groß; aber er machte doch keinen Lärm und schob den Riegel, wie überall, auch hier vor die Kirchentüre; schrieb aber noch mit einem Stückchen Kohle an die Mauer:

»Wer vor dem Wirt
Die Rechnung macht,
Der hat geirrt,
Wird ausgelacht;
Singt nur im Chor!
Den Riegel vor
Das Kirchentor
Schiebt Mauseohr.«

Nun ging er nach dem Schloßplatz hin, und je näher er kam, je stärker hörte er ein Geschrei und Gepfeife.

Nun trat er um die Ecke herum: da sah er den ganzen Platz voll Kinder mit Pfeifen und Schreien den hohen Galgen umgeben, an dem, wie er glaubte, seine Mutter und sein Bruder hingen, und da fing er heftig an zu weinen.

Als er mit seiner hohen Husarenmütze unter die Kinder trat, welche auch allerlei bunte Sonntagsmützen, aber doch keine solche aufhatten, versammelten sich viele um ihn herum und fragten ihn, wo er herkäme und wer sein Vater sei, und wo er die schöne Mütze her habe und warum er weine. Da nahm sich Mausohr zusammen und sprach: »Kennt ihr denn nicht die Petersklause?« – »O ja!« – schrien alle Kinder, – »die liegt gleich da unten im Rhein.« – »Nun, da bin ich her; ich bin des Peters von der Petersau sein Sohn und heiße Peterchen, und mein Vater ist König von der Petersau; er macht dieselben Petermännchen, um die man sich Äpfel, Nüsse und Birnen kaufen kann.«

»Ach!« – sagten die Kinder, – »da möchten wir auch sein und uns die Taschen mit Petermännchen füllen; aber wo hast du denn die schöne hohe Pelzmütze her, macht die dein Vater auch?« – »Jawohl!« – sagte Mausohr – »da ist kein Kind bei uns, das nicht eine solche Mütze hat und auch viel schönere, mit goldnen Quasten und einem Federbusch drauf: dies ist nur meine ordinäre Reisemütze.« – »Ei, da bist du ja sehr glücklich!« sagten die Kinder, – »warum hast du denn geweint?« – »Geweint« – sagte Mausohr – »hab ich vor Zorn über die Leute, die da am Galgen hängen, die euch so vielen Schaden getan; ei potz tausend, die haben schöne Mäusepelze an, da könnte mein Vater euch allen Mützen davon machen, wenn er sie auf der Petersau hätte.«

»Hört einmal, ihr Knaben!« – sagte da ein Schornsteinfegerjunge, – »wenn uns nur die Mädchen nicht verraten, die Kerls mit den Pelzen wollte ich bald herunter haben, und dann nimmt sie Peterchen mit zu seinem Vater und läßt uns

Mützen daraus machen.« – »Ei, ihr wollt uns immer als Verräter ausschreien«, – sagte da ein Schulmeisterstöchterchen, – »und ihr seid es doch, die ihr uns neulich verraten habt, da wir dem Küster die Birnen von dem Baume geworfen haben; wir tragen auch gerne Pelzmützen, und wenn ihr uns auch welche machen lassen wollt, so soll keine Seele was davon wissen.« – »Ja ja, gewiß nicht!« – schrien alle die andern Mädchen. – »Was sollen wir aber sagen«, – versetzte der Schornsteinfegerjunge, – »wenn uns die Eltern fragen, woher die Mützen, wohin da die Pelznickel gekommen sind?« – »Ei!« – sagte das schlaue Mägdlein, – »wir sagen, die Pelznickel seien fortgeflogen, und die Mützen wären vom Himmel herab geregnet; wissen die Eltern doch auch nicht, wo die Mäuse hergekommen.« – »Ja ja!« – schrien da alle, – »so geht es an, herunter, herunter mit den Pelznickeln!« Mit einem Sprung kletterte der Schornsteinfegerjunge den Galgen hinan und wollte sie schon abschneiden und herunter plumpsen lassen; aber Mausohr schrie ihm zu: »Lieber, laß sie nicht so hart fallen, daß der Pelz nicht zerreißt; habt ihr keinen Wagen, auf dem wir sie nach dem Rhein fahren können, wo ein Kahn steht?« – »Da neben unterm Schloßtor steht dem König sein kleiner goldener Gartenwagen, auf dem er sich täglich von zwei großen Hunden im Garten herumfahren läßt«, – schrie das Söhnlein des Leibkutschers, –

»den wollen wir holen, er ist sehr leicht«, – und somit liefen gleich einige nach dem Wagen.

In wenigen Augenblicken stand er unter dem Galgen; der Schornsteinfegerjunge schnitt zu, und alle beide Figuren fielen so schön gerade hinein, daß sie wie lebendige Menschen zu sitzen kamen; so oft aber eine herunterfiel, schrien alle Kinder »Viktoria«, und Mausohr drückte die Augen zu; denn er glaubte noch immer, es sei seine Mutter und sein Bruder, und das Fallen könne ihnen weh tun. »Nun fort an den Rhein!« – schrie Mausohr; die Knaben zogen, die Mägdlein drückten, Mausohr ging voran.

Als sie ans Wasser kamen, stand hinter einem Busch der hochzeitliche Kahn mit schwarzen Wimpeln; er ließ die Strohmänner drauflegen, spannte die Segel auf; die Kinder standen in einem langen Kreis am Wasser hin; da alles zur Abfahrt fertig war, ergriff Mausohr mit einer Hand das Steuer, mit der andern nahm er seine Pfeife aus der Mütze und sagte: »Nun, ihr Mainzer Knaben und ihr Mainzer Mägdlein, weil ihr denn diesen Ehrenleuten, die hier im Kahne ruhen, so manch Liedchen gepfiffen, will ich euch wieder eins pfeifen; kommt mit, kommt mit, damit mein Vater euch das Maß zu den Pelzmützen nehmen kann«; und somit begann er ein Liedchen auf seiner Pfeife, indem er vom Land abfuhr, zu blasen, so wunderbar lustig und traurig, daß die Kinder erst alle an zu lachen und zu weinen und endlich zu tanzen begannen, und sich immer mehr und mehr an das Wasser drängten und endlich gar hinein sprangen und drin herum walzten; und immer ferner fuhr Mausohr mit dem Kahn und die Kinder sprangen immer lustiger ins Wasser; anfangs hielten sie noch die Kleiderchen in die Höhe, um sie nicht naß zu machen, bald stand ihnen das Wasser bis an den Hals, und dabei sangen sie beständig mit dem beweglichsten Ton:

»Ach Gott und Herr im Himmelreich!
Ach liebster Vater und Mutter mein!
Wir armen Kinder allzugleich,
Wir müssen sterben in dem Rhein!
Ach Hilfe! Hilfe! Hilfe!

Ach Peterchen, Herrn Peters Sohn,
Des Königs von der Petersau,
Du nimmst gar teuren Mützenlohn,
Du nimmst das Maß gar zu genau,
Ach Peter! Peter! Peter!

Ach hätten nun und nimmermehr
Die Mützen wir gesehen an;
Du rächest dich auch gar zu schwer,
Du falscher, böser Petermann!
Ach Mütze! Mütze! Mütze!

Die Pfeife bläst du gar zu mild,
Die Pfeife bläst du gar zu wild;
Die Erde weicht, das Wasser schwillt,
Und uns mit Nacht die Augen füllt,
Ach Pfeife! Pfeife! Pfeife!

Mausohr blies aber immer heftiger zu, und schon sah man von den meisten Kindern nichts mehr als ihre Hüte und Hauben, und der Gesang ward stets schwächer, denn es ertranken immer mehr.

Das große Geschrei lockte die schöne Ameley herbei, welche sich krank gestellt hatte, um, während der König und alle andern Leute in der Kirche waren, am Ufer spazieren zu gehen, und indem sie den Rhein hinunter sah, ihren traurigen Gedanken an den geliebten Müller Radlauf nachzuhängen. O wie erschrak sie da, als sie die vielen Kinder sah, die wie unsinnig in den Rhein hinein tanzten, und alle waren schon drin, außer ein kleines hübsches Mägdlein, Ameleychen genannt, das sie aus der Taufe gehoben hatte; dies hüpfte noch allein am Ufer herum und schürzte schon sein Röckchen und streckte sein Füßchen gegen das Wasser, um hinein zu patschen; da wollte die Prinzessin es noch geschwind an dem Röckchen zurückziehen, aber in demselben Augenblick stimmte Mausohr ein neues Lied auf der Pfeife an, das so durchdringend lautete, daß auch die schöne Ameley zu tanzen anfing und mitsamt dem kleinen Mägdlein im Rhein versank. – Lebt wohl, ihr armen Kinder! Gott erbarme sich eurer! Ihr habt schwer für die Treulosigkeit des bösen Königs und euren Mutwillen gebüßt.

Mausohr steckte nun seine Pfeife wieder in seine Mütze und ließ seinen Kahn ruhig den Rhein hinabtreiben; rings um ihn her war der Fluß mit allerlei bunten Hüten und Mützen bedeckt, und mitten drunter schwamm die Haube der schönen Ameley, die man wohl an den goldenen Krönchen und dem Perlstrauß, der drauf war, erkennen konnte. Da aber Mausohrs Schiff durch die Segel schneller getrieben wurde, verlor er bald die Stadt und die langsamer schwimmenden Hüte und Hauben aus den Augen.

Als Mausohr sich nun auf seinem Kahne, wie er glaubte, mit seiner Mutter und seinem Bruder Rattenkahl allein sah, vergaß er alle andern Gedanken, und nahte sich den geliebten Leibern seiner Anverwandten, um sie einmal wieder recht herzlich anzusehen.

Er trat zu seiner Mutter hin und sprach: »Ach liebste Frau Mutter! Wie ist euer schönes Angesicht so weiß wie Papier geworden, und ihr habt ja einen Schnurrbart von Kienruß!« – Nun nahm er eine Hand voll Wasser, um ihr die Augen zu waschen; aber wie erschrak er nicht, als ihr von dem Waschen die Augen ganz ausgingen, und als er endlich entdeckte, daß beide Figuren gar keine Menschen, sondern nur Strohpuppen waren, die man mit papierenen Gesichtern in die Sterbekittel eingesteckt hatte. »Ach, so bin ich doch betrogen!« – schrie Mausohr, »und ist all meine Mühe und Arbeit umsonst gewesen!« und so kam er unter mancherlei Klagen an jene Insel bei dem Binger Loch an, wo seine rechten Eltern, ohne daß er es wußte, begraben waren.

Da er nun lange nichts gegessen und getrunken hatte, wollte er sich bei den vielen Brombeeren, Himbeeren und Haselnüssen erquicken, die da in großer Menge auf der kleinen Insel wuchsen. Kaum aber hatte er ein paar Schritte durch das Gebüsch getan, als er ein wunderliches Klappern hörte, und zugleich sah er einen hohen Kürbis wie eine Glocke an einem Haselnußstrauch hin und her schwanken. Da er nun nieder sah, erblickte er zu seiner großen Verwunderung den alten Rattenkönig, der das Glöckchen mit den Vorderpfoten gar emsig zog. Sie sahen sich beide zugleich, und mit einem Sprunge schwang sich der Rattenkönig voller Freude an dem geliebten Prinzen Mausohr hinauf, den er seit seiner Geburtsstunde gar genau kannte, und der ihn immer zu Trier, als er noch bei der verstorbenen Königin als Staatstier lebte, mit Zuckerbrot gefüttert hatte.

»Ei, wie kommst du hierher?« – fragten sie sich beinahe beide zugleich. Unter vielen verwirrten Freudenbezeugungen erzählte Mausohr, wie er, um Mutter und Bruder zu rächen, alle Mainzer Kinder ins Wasser gepfiffen hätte, und wie er jetzt sich doch mit den Strohpuppen betrogen sähe. »Mein teurer Prinz!« – sagte der Rattenkönig – »sieh! Ich bin hier ein Eremit geworden, dort neben steht meine kleine Einsiedelei, von Baumrinden gemacht, und eben, da du kommst, läutete ich ein paar Mäusen und Ratzen, die ich von meinem Volke errettet habe, zusammen; wir wollten eben am Grabe deiner Mutter und deines Bruders singen, da kommst du recht zu gelegener Zeit« – und somit führte er den verwunderten Mausohr an den Ort, wo Radlauf jene beiden begraben hatte.

Unter bittern Tränen hob Mauseohr den Stein in die Höhe, und sah seine Mutter und seinen Bruder fein ordentlich mit ihren Kronen daliegen; er pries den frommen Müller tausendmal selig, daß er so ehrlich an seinen Verwandten gehandelt habe, und dann schimpfte er wieder auf den Mainzer König, der an allem dem Elend schuld sei. – »Jawohl«, sagte die Ratze, »ihm ist alles Böse zu gönnen, und wenn nur seine Tochter, die schöne Ameley, vor ihm gerettet wäre, wollte ich gar nicht mehr an ihn gedenken.« –

»Die schöne Ameley hat gute Ruh«, – sagte Mausohr – »die war Schuld an allem, und sie liegt nun im Rhein mit all den übrigen Kindern, ich habe sie noch zuletzt hineingepfiffen.« – Da die Ratze dies hörte, geriet sie in große Traurigkeit und Wehklagen wegen dem frommen Müller Radlauf, und stellte dem Mausohr die Sache so beweglich vor, daß er auch zu weinen begann; da die Sache aber nicht mehr zu ändern stand, so beschlossen sie endlich, den Leichnam der Königin und Rattenkahls auf dem Schifflein nach Trier zu bringen, an ihrer Statt aber die Strohpuppen in die Grube zu legen und die Grabschrift zu verändern, damit der Müller, wenn er zurück käme, wisse, was vorgefallen sei.

Nun brachte Mausohr erst seine Mutter und dann seinen Bruder auf das Schiff; dann legten sie an ihrer Statt die Strohpuppen hinein, den Grabstein aber drehte er um und schrieb darauf:

Prinz Mauseohr von Trier,
Fand Mutter und Bruder hier
Und fuhr sie auf dem Kahn

Den Rhein hinab, die Mosel an,
Nach Trier, wo sie jetzt ruhen.
Nun liegen in der Truhen
Zwei Strohpuppen in Mäusebalgen.
Er holte sie vom Mainzer Galgen,
Und pfiff die Mainzer Kinderlein
Zur Strafe alle in den Rhein.
Beschlossen ward im Himmelsrat,
Was er aus Kindesliebe tat;
Ach frommer Radlauf, ihm verzeih,
Weiß Gott, die schöne Ameley
War auch dabei,
Der Gott genad'
Kommt Zeit, kommt Rat!

Nachdem er diese Grabschrift verfaßt hatte, ging er, das Schifflein mit allerlei grünen Gesträuchen zu schmücken; der Rattenkönig aber läutete nochmals mit seiner Kürbisglocke, und da ungefähr ein zwanzig Ratten und Mäuse zusammengekommen waren, teilte er das Säckchen Mehl, das ihm Radlauf zurückgelassen hatte, redlich unter sie aus und rief die ältesten unter ihnen hervor, zu denen sagte er: »Ich übergebe euch nun auf längere Zeit die Regierung meines Reichs, da ich schon alt bin und nicht weiß, ob ich von meiner Reise wieder zurückkomme.« Sodann rief er alle die Paare hervor, die miteinander haushalten wollten, legte ih-

UND FUHR SIE AUF
DEN RHEIN HINAB
WAR AULA DABEI

nen ihre Pfötchen ineinander und sprach: »Haltet fein Haus zusammen, und alle eure Kinder haltet dazu an, die schreckliche Niederlage, die der König von Mainz unter eurem Geschlecht angerichtet hat, zu rächen; lebt wohl, und haltet euch wie ehrliche Ratten und Mäuse.«

Nun begab sich der Rattenkönig mit Mausohr auf den Kahn, und sie fuhren mit gutem Wind nach Trier.

Man war wegen der plötzlichen Flucht des kleinen Prinzen dort noch in der größten Bestürzung, als er plötzlich an der Stadt landete.

Mit ungemeiner Freude und Trauer empfing man ihn und die Leichen der verstorbenen Herrschaften, denen man ein schönes Grab baute und obendrauf ein kleines goldnes Haus für den Rattenkönig, wo er immer von Mausohr mit Zuckerbrot gefüttert wurde; denn er wollte sich gar nicht von der alten Königin trennen, so sehr liebte er sie.

Mausohr ward nun, weil er soviel Klugheit und Tapferkeit gezeigt hatte, einstimmig zum König ausgerufen, und das erste, was er tat, war, daß er alle Zurüstungen zum Kriege machte, um den König von Mainz noch härter zu strafen.

Wie die Mainzer Bürger ein großes Wehklagen erhoben und vor des Königs Schloß zogen, und wie dieser eine neue Treulosigkeit beging.

Nun wollen wir aber einmal wieder nach Mainz sehen, was alle die Leute und der König und die Königin anfangen, die Mausohr in die Kirchen eingeriegelt hatte. Als der Gottesdienst aus war, wollten die Leute nach Haus zum Mittagessen gehen; aber da war die Türe fest zu. Man pochte, man probierte alle Schlüssel; nichts half; schon zankten die Leute auf die Kinder, und nahmen sich vor, wenn sie erst heraus wären, die Kinder recht zu strafen, denn niemand anders konnte den Riegel vorgeschoben haben als die Kinder, weil alle übrigen Leute mit eingeschlossen waren.

Es war ein entsetzliches Lamentieren, die Köchinnen schrien alle: »Ach Gott, der Braten wird uns verbrennen!« – Die Mütter schrien: »Unsere

Kinder werden verhungern!« – Die Königin klagte: »Wer wird meine Katze füttern und meinen Papagei?« Der Prediger aber, der von der Kanzel gerade durchs Fenster in seine Küche sehen konnte, und dessen Köchin Helene auch in der Kirche war, sah, daß der Entenbraten, der am Spieß steckte, schon vom Feuer ergriffen wurde, und schrie in voller Herzensangst: »Potz Element! D' Ent' brennt. Helen', wend d' Ent' um!« Da meinten die Leute, er hätte Latein geredet, und sagten, er solle jetzt nur deutsch reden, wie sie hinaus kommen könnten. »Ach je«, schrie die Köchin Helene, »Herr Pfarrer, wenn ich nicht hinaus kann, so kann ich die Ente nicht umwenden, und die Ente muß verbrennen.«

Endlich hängte sich einer an das Glockenseil, kletterte bis ans Kirchenfenster hinauf, ließ sich mit dem Seil hinaus und machte den Riegel drauß auf. Nun drängte sich alles aus der Kirche hinaus, und mit großer Verwunderung las man:

»Den Riegel vor
Das Kirchentor
Schiebt Mauseohr.«

Nun wußte kein Mensch, wer Mausohr sei. Die Leute aus den andern Kirchen kamen auch heraus, und wie verwunderten sich alle, als jeder dem andern erzählte: »Ei, wir waren auch eingesperrt, wir auch«, dann liefen die Leute nach ihren Kindern auf den Schloßplatz; aber der war leer und die Puppen am Galgen waren verschwunden; der König suchte die Prinzessin, die war auch nicht da; die Leute liefen nach Haus und suchten nach den Kindern, die waren nirgends zu finden, und immer und immer ward die Angst der Menschen größer, wo die Kinder möchten hingekommen sein. Da fanden sie endlich die Pfeifen der Kinder in der Rheingasse alle an die Erde geworfen, und nun zogen sie dieser Spur mit der größten Furcht nach, und als sie an den Rhein kamen und des Königs Gartenwagen allein am Ufer fanden, und die vielen Hüte und Hauben hin und wieder im Wasser herum schwammen, und in dem Sande die Fußstapfen der Kinder ganz deutlich ins Wasser führten: da brach ein allgemeines Wehklagen und Jammern unter den Müttern und Vätern aus, und man hörte nichts anders als: »Ach mein blondes Trautchen! Mein süßes Annemariechen! Mein schwarzes Gretchen! Mein braunes Stinchen! Ach meine goldne Bärbel! mein Zuckerjüppchen! Ach, sie ist ertrunken! Ach mein fromm Charteschen! Meine schöne Borgel! Ach mein flinker Hans! Mein runder Tonerl! Mein Goldfritzel! Mein kluger Franzel! Ach mein lustiger Martin! Mein Severin! Ach mein Maxfritzl! Mein weißer Wenzel! Mein gutes Karlemännchen! Mein dickes Dominikuschen! Meine Herzgundel! Meine

Bettine! Mein Atschekinkel! Mein Madlenchen! Ach ertrunken! Ertrunken! Ach das Kind war so fromm! Ja es konnte schon so schön beten und strikken! Ach, der Junge konnte schon buchstabieren, er konnte schon Messe dienen!« Und so jammerten sie und rangen die Hände, und weinten und fischten die herumschwimmenden Mützen ihrer Kinder zusammen und küßten sie und erzählten sich abwechselnd die Tugenden ihrer verlornen Kinder.

Nachdem sie mehrere Stunden so am Ufer in unsäglichen Leiden vergeblich ihre Schmerzen ausgesprochen hatten, kehrte sich ihr Unwille desto gewaltiger gegen den König, den sie durch seine Treulosigkeit an Radlauf als den Urheber aller ihrer bisherigen Leiden ansahen, und die einbrechende Nacht konnte sie nicht bewegen, nach Hau-

se zu gehen; denn die guten Leute glaubten, sie könnten nie wieder von der Stelle, wo ihre Kinder zu Grunde gegangen waren.

Der König hatte indessen auch alle Winkel nach der schönen Ameley aussuchen lassen, und als er endlich durch seine Boten das Unglück der ganzen Stadt vernommen hatte, schwieg er gleich ganz still; denn er fürchtete den Unwillen der Bürger, und er hatte auch recht. Endlich schickte er einen alten Geistlichen, die Leute zu trösten und zu ermahnen, daß sie nach Hause gingen; aber er wurde nicht sehr freundlich empfangen, denn alle schrien ihn an, wenn er nicht so lange gepredigt hätte, würden sie eher aus der Kirche gekommen sein und hätten ihre Kinder noch erretten können.

Endlich zwang der Hunger die armen Leute, doch nach Hause zu gehen, denn sie hatten den ganzen Tag noch nichts gegessen; aber wie wurden sie von neuem betrübt, als sie nun in ihre Häuser traten, wo ihnen sonst die Kinder entgegengesprungen waren; als sie in die Stuben traten und die kleinen Stühle und Spielsachen einsam herum lagen; als sie endlich in die Kammer traten, um zu Bette zu gehen, und die lieben Kinder ihnen die Hände nicht boten, nicht ihr Abendgebet mitbeteten, als die kleinen Betten und Wiegen leer neben ihnen standen; ach, da ward kein Bissen ohne Tränen von ihnen genossen, kein Schlaf kam über ihre Augen. Bange griffen zu allen Stunden der Nacht die armen Mütter in die leeren Wiegen, um sich von neuem von ihrem Verluste zu überzeugen, und als sie gegen Morgen ermüdet einschliefen, träumten sie von ihren Kindern, wie sie in den Wellen herum geschleudert würden, über Felsen und Steine hin und in die Mühlräder hinein, andere träumten, sie wären noch da, und wenn

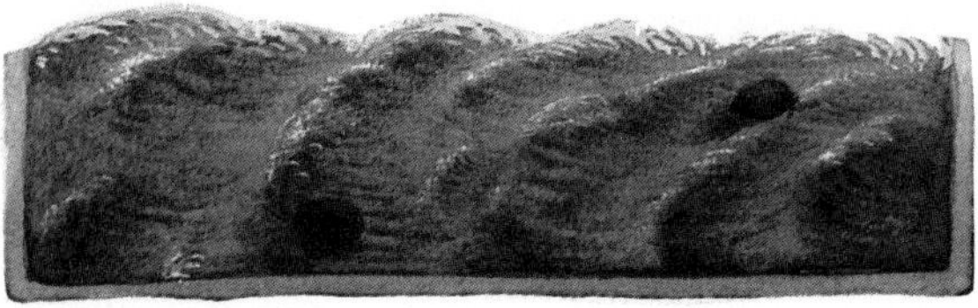

sie plötzlich erwachten, sahen sie, es war nur ein Traum, und erweckten die Nachbarn von neuem mit ihrem Jammergeschrei.

So begann ein neuer Unglückstag, und viele andere würden eben so traurig gewesen sein, wenn nicht eine neue Qual die armen Mainzer überfallen hätte. Alle Donnerstag war gewöhnlich Kornmarkt in der Stadt, wo Bäcker und Hauswirte sich ihr Brotkorn kauften, das die Bauern aus der Gegend zu Markte brachten.

Der Tag war wieder herangekommen, und alle Bäcker und Bürger gingen mit ihren Säcken auf den Platz, um zu kaufen; aber da war kein einziger Bauer mit Korn gekommen.

Sie wußten nicht, was das zu bedeuten habe, bis auf einmal eine Menge Bauern von allen Orten kamen, aber auch mit leeren Säcken, sie wollten auch Korn kaufen; »denn«, sagten sie, »die Mäuse haben bei uns alle Felder verwüstet; wir haben keine Ernte gemacht, und wenn wir kein Korn kriegen, können wir nicht wieder säen.« Da sie aber sahen, daß hier auch nichts zu kaufen war, ward die Sorge bald heftiger, und alles Volk schrie bald laut: »Hungersnot! Hungersnot! Zum König! Zum König! Der hat noch alle Speicher voll« – und so zogen nun eine Menge Leute vors Schloß und riefen: der König solle heraus auf die Galerie kommen.

Als er nun nach langem Rufen heraus kam, rief er ganz unwillig herunter: »Was will das Gesindel? Kann ich niemals Ruhe haben? Ich glaubte, da ich nun meine unvernünftige Tochter verloren habe, ich könnte endlich einmal ein Glas Wein in Frieden trinken; aber da macht die Bagage schon wieder Spektakel.« – Nun schrien ihm die Leute hinauf: sie wollten Korn haben; durch ihn seien die Mäuse in das Land gekommen, die auch kein Hälmchen auf dem Felde verschont hätten, und nun solle er ihnen auch Korn zur Aussaat und zum Brot geben. Der König antwortete: »Warum habt ihr nicht besser gewirtschaftet; das Korn, das ich aufgespeichert habe, das ist für mich und meine Soldaten.« – Da schrien die Leute: »Deine Soldaten sind unsere Söhne, wegen ihnen werden doch nicht ihre Eltern verhungern sollen.« – Da schrie der König wieder herab: »Wenn ihr den sechsfachen Preis bezahlen wollt, sollt ihr jeder einen Sack voll haben« – und damit schlug er das Fenster zu.

Die Leute aber wurden ganz wild und unsinnig und warfen ihm Steine ins Fenster und schrien: »Mache uns Brot draus!« Da ließ der König ihnen sagen, sie sollten so viele Bürger in das leere Stadtkornhaus senden, als hineingingen, und allen denen wolle er Korn geben; da drängten sich die Leute fast zutode in das Haus, und standen sie so dicht bei und übereinander, daß kein Apfel darin auf den Boden fallen konnte; als sie nun alle drin waren, ließ der König die Tore des Kornhauses schließen und die Brücken drum herum aufziehen; denn das Haus war gebaut wie ein festes Schloß und rings mit Wassergräben umgeben, um es gegen Feuergefahr und Diebstahl zu sichern. Nun ließ er rings herum noch Soldaten stellen, und die halbe Stadt hatte er so unbarmherzig zum Hungertode eingesperrt.

Tag und Nacht jammerten und wimmerten die armen Leute drin, daß es zum Erbarmen war, vor Hunger und Elend, und am zweiten Tag ließ ihnen der König einige Brote hineinwerfen, um die sie sich aus Hunger einander zu Tode schlugen. Und

als die übrigen Leute vor dem Schlosse auf den Knien lagen, und um Erbarmen für die armen Gefangenen baten, rief der König ihnen vom Fenster herab: »Hört ihr denn nicht, wie meine Kornmäuse im Kornhause pfeifen! Soll ich euch auch zu den andern sperren, weil ihr mir die Ohren so voll schreit?« – und so gingen die Leute voll Angst und Verzweiflung wieder nach Haus.

Von der guten Frau Marzibille und ihrem lieben Ameleychen, von dem Weißmäuschen und dem Goldfischchen.

Unter den Armen war auch eine gute Frau, die Marzibille hieß; ihr Mann war ein armer Fischer, der auch mit im Kornhaus eingesperrt war, und hatte sie ein sehr schönes Töchterchen gehabt, das Ameleychen hieß und mit den andern Kindern ertrunken war, gerade dasselbe Kind, welches Prinzessin Ameley ihr aus der Taufe gehoben hatte, und welches dieselbe am Rhein zurückhalten wollte, als sie auch versank.

Die arme Marzibille kam traurig nach Haus,

steckte ihre Lampe an, kniete an ihren kleinen Hausaltar und flehte unter heftigen Tränen zu Gott um Barmherzigkeit für das Elend der ganzen Stadt und für das ihrige.

Als sie so eine Zeitlang geweint und gebetet hatte, hörte sie etwas neben sich pfeifen, und da sie sich umsah, saß ein kleines weißes Mäuschen neben ihr, das sie gar wohl kannte; es war zahm und ihr kleines Ameleychen, als es noch lebte, hatte immer mit ihm gespielt, seit dem Tode des Kindes aber hatte sie in ihrem Schmerz nicht mehr auf das Tierchen geachtet. – Kaum hatte sie das Mäuschen angesehen, als auch ein kleines Goldfischchen lebhaft in dem Wasserglase schnalzte, in welches Ameleychen es gesetzt hatte, dem es von selbst, als es einst am Rhein spielte, in den Schoß gesprungen war. –

»Ach Gott, ach Gott!« – sagte Marzibille – »ihr lieben kleinen Spielkameraden meines armen Ameleychens, ihr habt wohl rechten Hunger; ach, mein Kindchen ist nicht mehr da, das euch immer fütterte, mein Mann sitzt im Kornhause und ist vielleicht auch schon verhungert, und ich selbst habe nichts mehr als diese harte Brotrinde; denn das Fischen hilft nichts mehr, die Leute wollen keine Fische mehr essen, seit die Kinder alle ertrunken sind; ich kann es ihnen auch nicht verdenken, denn ich könnte keinen Fisch mehr essen, wenn ich auch verhungern müßte, aus Angst, ich möchte ein Fingerchen in dem Fische finden, das er vielleicht meinem armen Kinde abgebissen hätte; aber wartet, ich will meine Brotkruste mit euch teilen; so lange ich nicht Hungers sterbe, sollt ihr es auch nicht, weil ihr so schön mit meinem seligen Ameleychen gespielt habt.« Da sie aber die harte Brotrinde eben zerbrechen wollte, richtete sich die kleine Maus sachte in die Höhe und sagte: »Frau Marzibille! Hör sie mich an« – und das Fischlein steckte den Kopf aus dem Wasser und sagte auch: »Frau Marzibille! Hör sie mich an« – da war die gute Frau sehr erschrocken, erholte sich aber endlich und sprach:

»Weißmäuschen! Sprich du zuerst, weil du mich zuerst angepfiffen« – und das Weißmäuschen sagte:

»Gute Werke, guter Lohn;
Gott im hohen Himmelsthron,
Der den Menschen schuf aus Erden,
Ließ die kleine Maus auch werden.

Wer in allgemeiner Not
Mit den Tieren teilt sein Brot,
Wer mitleidig und geduldig,
Dem sind Dank die Tiere schuldig.

Suche nach in meinem Loch,
Vielen Weizen hab ich noch;
Weil ich mir für harte Jahre
Immer reinlich etwas spare.

Ameleychen gab mir Brot,
Ameleychen ist nun tot,
Und du teilst die harte Rinde,
Weinst mit mir ob deinem Kinde.

Lasse, Mutter, nun mich frei,
Führ ich Glück der Stadt herbei;
Gib mich frei, Frau Marzibille,
Dir zu lohnen ist mein Wille.«

Also sprach die kleine Maus recht schön deutlich und stammelte nicht einmal, und Frau Marzibille konnte sich der Tränen nicht enthalten, als das Mäuschen so artig von ihrem lieben ertrunkenen Töchterchen sprach: »Mein liebes Weißmäuschen!«

– sprach sie, »herzlichen Dank für deine Dankbarkeit; ich will deinen Weizen annehmen und kleine Kuchen daraus backen, und wo die Not am größten ist, auch andern davon geben; deine Freiheit kannst du nehmen, wenn du willst; du bist bei mir ein liebwerter Gast gewesen, und wenn du mich wieder besuchen willst, und ich lebe noch, so will ich dir alles Liebe antun, was ich kann; aber ich möchte dir noch etwas auf die Reise mitgeben, wenn ich nur was hätte!« Da suchte die gute Marzibille überall herum, endlich fand sie an dem Weihnachtsbaume Ameleychens eine kleine Zukkerbrezel hängen, die gab sie dem weißen Mäuschen, und aus vier Haselnußschalen machte sie ihm vier kleine Schuhe unter seine Pfötchen, und so lief die Maus klipper klapper ab.

Nun wendete sich Frau Marzibille zu dem Goldfischchen in dem Glase und sprach: »Was hast du, kleines Fischchen, der armen Marzibille denn zu sagen? Ach, ich weiß es wohl, Ameleychen hat dich ganz besonders lieb gehabt, weil du ihm einstens am Rhein freiwillig in den Schoß gesprungen bist.« – Da sprach das Goldfischchen also:

»Ich bin aus dem Rhein gesprungen
Deinem Kinde in den Schoß,
Als es süß ein Lied gesungen,
Ward zu ihm mein Wunsch so groß:

Daß ich aus den blauen Wellen
Zu dem blonden Engel sprang
Und wir wurden Spielgesellen,
Zeit und Weil' ward mir nicht lang.

Aber jetzt die Stunden schleichen
Und ich sehne mich zur Flut,
Wo dein liebes Ameleychen
Mit den andern Kindern ruht.

Sieh, ihm fehlen dort Bekannte
Und es wird gar blöde sein;
Aber ich hab viel Verwandte
In dem alten grünen Rhein.

Amelychen will ich lehren,
Wie es sich verhalten muß;
Lasse drum mich wiederkehren
Zu dem Kinde in dem Fluß.

Wenn ich Ameleychen finde
Und es ist gesund und rot,
Komm ich wieder her geschwinde,
Bringe Trost dir in der Not.

Wenn ich es gestorben finde,
Leg ich's in ein Marmorgrab;
Halt von deinem blonden Kinde
Alle bösen Hechte ab.

Sonntag früh komm du gegangen
Auf die Stelle an den Rhein,
Wo das Kind mich hat gefangen,
Rufe nur dem Goldfischlein.

Und sogleich ich zu dir schwimme
Durch die grüne Flut geschwind
Und dir saget meine Stimme
Von dem blonden lieben Kind.«

»Ach Goldfischchen! Goldfischchen!« sagte Marzibille, – »du bist doch gar zu treu und gut; gleich will ich dich in den Rhein tragen; ach, wenn es möglich wäre, daß Ameleychen noch lebte, daß ich es jemals wiedersähe, – aber ich möchte ihm doch etwas mitschicken: ein weiß Hemdchen, Halstuch und Strümpfe, und sein Sonntagsröckchen, kannst du ihm das wohl bringen?« – »O ja«, – sagte der Goldfisch, – »leg nur einen Stein hinein, wirf es nach mir in den Rhein.«

Und nun packte die gute Marzibille ein schön Hemd, Strümpfe und das Sonntagsröcklein und ein Paar schöne neue rote Schuhe zusammen und legte ein Zettelchen dazu, darauf stand:

»Lebst du noch,
So bete fromm;
Bist du tot,

In Himmel komm;
Bitt die lieben Engelein
Daß auch ich bald komm hinein;
Dieses ist der einz'ge Wille
Deiner treuen Marzibille.«

Und nun trug sie schnell das Fischlein mit dem Glas an den Rhein, warf es mit einem Lebewohl hinein und dann das Bündelchen, und rief ihm noch tausend Grüße hinternach an das blonde Ameleychen und ging hoffnungsvoll nach Hause.

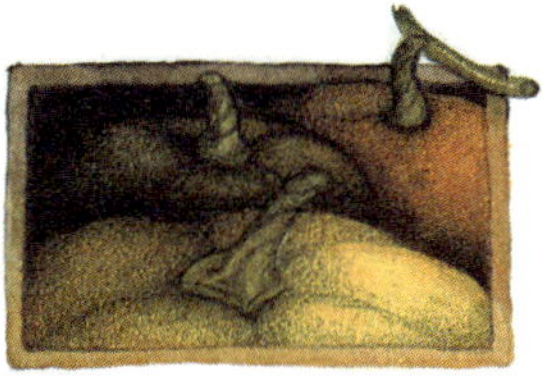

Von der Gesandtschaft Weißmäuschens zum Rattenkönig und Prinz Mausohr nach Trier und deren Kriegszug.

Nun aber müssen wir uns auf den Weg machen, und dem Weißmäuschen nachlaufen, damit wir erfahren, ob es Wort hält und was für Mittel es ergreift, die armen verhungerten Leute in der Stadt zu erretten. Zuerst lief es bis nach Bingen, wo die Insel im Rhein liegt, und ließ sich von einer Wasserratze über den Fluß nach der Insel bringen. Da war nun eine große Freude unter den vielen Freunden und Anverwandten, die es da hatte, und jeder wollte ihm eine Ehre antun; denn Weißmäuschen war von hohem Adel, wie die weißen Mäuse alle sind.

Da Weißmäuschen hörte, daß der Rattenkönig sich nicht mehr auf der Insel aufhalte, sondern in Trier sei, nahm es bald von seinen Freunden Abschied und begab sich schleunigst nach Trier, mit dem Rattenkönig zu sprechen.

Es war mitten in der Nacht, als es in dieser wundervollen alten Stadt ankam. Es hatte auf der Insel erfahren, daß die Königin in einem prächtigen Tempel begraben liege, der drei Kirchen übereinander enthielt, und in der untersten sei das Grab, und darauf das Haus des Rattenkönigs. Es lief also so lange in der Stadt herum, bis es die hohe schöne Kirche erblickte. Bald hatte es ein Loch gefunden, wodurch es in die Kirche konnte, und sogleich lief es die schönen marmornen Treppen hinab, die so weiß waren wie es selbst, und befand sich in einer schönen Kapelle, in deren Mitte das silberne Grabmal des Prinzen Rattenkahl und seiner Mutter bei dem Schein von vier großen alabasternen Lampen herrlich glänzte.

Als Weißmäuschen rings um das Grabmal herumlief, fand es eine silberne Wendeltreppe, durch welche es auf die Höhe des Grabmals kam; hier lag der Prinz Rattenkahl und seine Frau Mutter der Länge nach aus Gold gegossen, ganz natürlich, als wenn sie schliefen; über ihnen war eine silberne Laube mit goldnen Blättern, voller Blumen und Früchten von allerlei bunten Edelsteinen, daß es heller flimmerte als der volle Sternhimmel; und dieses war die Wohnung des Rattenkönigs, der auf einem schwarzen Samtkissen, das in dem Schoße der goldnen Königin lag, eben sanft schlummerte. Aus der einen Hand der Königin pflegte er zu fressen, und in ihrer andern Hand hatte sie einen Becher, aus dem er trank.

Als Weißmäuschen mitten in dieser Herrlichkeit stand, dergleichen es niemals gesehen, ward es von dem Glanze ganz berauscht, und wußte nicht, auf welche Art es den schlafenden Rattenkönig wekken sollte. Aber eine goldne Harfe lag zu Füßen der Königin, weil sie sehr dies Saitenspiel zu ihrer Lebzeit geliebt, und da Weißmäuschen diese Harfe näher besehen wollte, und behutsam mit seinen Schuhen von Haselnußschalen über die Saiten lief, klimperte die Harfe; sogleich entschloß es sich nun, ein hübsches Lied zu singen und dazu die Harfe spielen zu lassen, damit es den alten Rattenkönig auf eine bescheidene Weise erwecke. Es sang also, indem es hin und her tanzte und die Saiten erklingen machte, wie folgt:

»Wach auf! Wach auf, mein Herr und König,
Aus deinem Schlaf, aus deinem Traum;
Erheb dein Ehrenhaupt ein wenig
Und gebe meinen Bitten Raum;
Hörst du, wie die Saiten tönen
Durch der Laube goldnes Schimmern,
Also wimmern,
Also stöhnen
Viele Männer, viele Frauen,
Die zum Sternenhimmel schauen
Ohn' Vertrauen
Und auf deine Hilfe bauen.«

Als Weißmäuschen dies gesungen hatte, erwachte der Rattenkönig ein bißchen und sagte halb im Traum: »Ei Frau Königin, Ihro Majestät singen wie ein Violenengel; o darf ich bitten, noch ein Stückchen« – und somit drehte er sich auf die andere Seite und entschlief wieder fest. Da sang Weißmäuschen weiter:

»Du träumst von Ihro Majestäten,
Ich singe von der Hungersnot;
Erwache! Sei recht schön gebeten,
Verschaff den armen Leuten Brot;
Aus der Königin goldnen Händen
Ißt und trinkst du nach Verlangen;
Die Elenden,

Schwer gefangen,
Müssen all vor Hunger sterben,
Hungernd müssen ihre Erben
Auch verderben,
Lasse Gnade sie erwerben!«

Hier erwachte der Rattenkönig wieder ein bißchen und sagte schlaftrunken: »Ich danke recht schön; ich nehm's für empfangen an; ich habe erst einige Zuckerbrezeln zu mir genommen; ich habe keinen Appetit mehr«, und drehte sich wieder herum und legte sich aufs Ohr und entschlief von neuem.

Weißmäuschen wollte schier verzweifeln, den verschlafenen Rattenkönig zu erwecken;

als es plötzlich ein Geräusch in der Kirche hörte, und Fackelschein aus der obern Kirche herunter fallen sah. Es irrte sich auch nicht und versteckte sich geschwind hinter die Krone der Königin, als der junge König Mausohr im Schlafrock von weißem Mausepelz die Treppe herab kam; er hatte eine Schlafmütze von grauem Mausepelz auf, und die Krone oben drauf, was recht gut ging; denn sie war ihm bei seiner Jugend noch zu weit, und hing ihm sonst gewöhnlich um den Hals auf die Schultern. Den Zepter hatte er quer im Maul; denn er hatte in der einen Hand die Fackel, in der andern die Kirchenschlüssel; und da er an das Grabmal kam, zupfte er den Rattenkönig am Schwanze, daß er erwachte und sich die Augen rieb. – »Mein liebster Freund!« – sagte König Mausohr, nachdem er den Zepter in den Gürtel gesteckt – »wer singt denn hier so beweglich und spielt die Harfe dazu? Mir hat es die Schildwache gemeldet, die oben vor der Kirche steht, und da ich geschwind herzugelaufen, habe ich auch noch ein Stückchen vom Lied gehört, das gar betrübt von lauter Hunger und Kummer lautete.«

Nun machte der Rattenkönig, der sich endlich von seinem Schlaf erholt hatte, dem Mausohr tausend Entschuldigungen, daß er ihn so im Bett fände, daß er ihn vor Schlaf nicht gleich erkannt und sagte ihm hierauf: es sei ihm auch, als habe er im

Schlafe singen und Harfe spielen gehört; er habe aber geträumt, die hochselige Mutter spiele ihm ein Lied zur Harfe, und wolle ihn hierauf zum Essen nötigen, da er doch gar keinen Appetit habe; da aber die Schildwache und Mausohr das Singen auch gehört hätten, müsse es wohl etwas anderes als ein Traum sein, und könne es gar nicht begreifen, was es nur in aller Welt sein möge. Mausohr sagte hierauf laut, daß das Gewölb widerhallte: »Wer du auch seist, der mit seinem Gesang über das Elend unglücklicher Menschen klagend die Ruhe der Toten nächtlich gefeiert, laß den König Mausohr von Trier deine Klagelieder von neuem hören, oder zeige dich ihm, er wird dir helfen; denn er hat ein menschliches Herz, und hier bei der Ruhestätte seiner verehrten Mutter und seines geliebten Bruders kann er keinen Unglücklichen ungetröstet von sich lassen.« Als Weißmäuschen hörte, daß Mausohr so gnädig war, schlüpfte es aus der Krone heraus und sang, indem es auf der Harfe herum tanzte, folgendermaßen:

»Schön Dank! Schön Dank, Herr Mauseohr!
Weil ihr mir also gnädig seid,
Komm ich aus meinem Loch hervor
Und sing zur Harfe euch mein Leid.
König Hatto legt die armen
Mainzer, wenn sie Brot verlangen,

Ohn Erbarmen
Fest gefangen,
Spricht dann, wenn sie hungernd schreien:
Ei, wie mich die Mäuse freuen.
Herr, ich floh, will sie befreien,
Gott wird dir auch Trost verleihen.«

Als Mausohr und der Rattenkönig sich erst genug über das kleine artige Weißmäuschen verwundert hatten, ließen sie sich alles von ihm erzählen, und es ließ sich das nicht zweimal sagen, und sagte ihnen, was es nur wußte von Ameleychen und der frommen Fischerin und von der Not der armen Mainzer; auch schenkte es dem Rattenkönig das Zuckerbrezelchen, das ihm die Fischerin mitgegeben; es hatte es zu diesem Zwecke aufgehoben. Der Rattenkönig dankte ihm, und hängte es zum ewigen Angedenken an die gute Frau in die goldne Laube, über dem Grabmal mitten unter die schönsten Edelsteine, wo es noch bis auf den heutigen Tag zu sehen ist.

Nun überlegten Mausohr und der Rattenkönig, wie den Mainzern am schnellsten zu helfen sei, und Mausohr sprach: »Wenngleich die Mainzer geholfen haben, meine selige Frau Mutter und meinen Bruder zu verspotten: so sind sie durch den Verlust ihrer Kinder, die ich im ersten Zorn in den Rhein gepfiffen habe, doch wohl schon zu hart bestraft; ich will mit meinen Soldaten hinmarschieren und den bösen König absetzen und die Gefangenen befreien.« – Hierauf sprach der Rattenkönig: »Ich will eine neue Armee von Ratten und Mäusen hinschicken, die sollen den König und die Königin allein anfallen; die Pfeife hat er damals in den Rhein werfen lassen, und er soll sie deswegen diesmal nicht von sich vertreiben können; nun mache dich sogleich auf, und zeige den noch übrigen Mäusen und Ratten auf der Insel bei Bingen an, sie sollen morgen abend alle bei Rhense auf dem Königsstuhl sich versammeln, ich werde auch dort eintreffen; wir wollen einen Kriegszug tun, der glücklicher ausfallen soll als unser letzter.«

Nachdem das Weißmäuschen diesen Auftrag erhalten, küßte es dem Rattenkönig die Pfote und bat sich die Erlaubnis aus, auch dem König Mausohr die Hand zu küssen. Dieser erlaubte es und schenkte ihm eine goldene Schnupftabaksdose mit seinem Portrait, mit Brillanten besetzt. »Ach!« sagte

Weißmäuschen – »sie ist ja gar zu groß; wenn ich einmal Hochzeit halte, will ich drin schlafen, hebt mir sie auf!« – »Nun, das will ich«, – sagte Prinz Mausohr – »aber hier hast du was, das du gleich mitnehmen kannst«, und nun nahm er einen brillantenen Hemdknopf aus seinem Hemdärmel und band ihn dem Weißmäuschen um den Hals, worüber es eine große Freude hatte, und unter tausend Danksagungen, nachdem der Rattenkönig es aus den goldenen Händen der Königin hatte essen und trinken lassen, seinen Abschied nahm, um die Befehle auf die Insel bei Bingen zu bringen.

Der Rattenkönig begab sich gleich in die Stadt und pfiff alle Mäuse und Ratten zusammen und schickte welche aufs Land, die auch pfeifen mußten, und mit Anbruch des Tages hatte er schon über eine halbe Million Mäuse beisammen. Damit sie nun, wo sie durchmarschierten, dem Lande nichts schaden sollten, wurden als Proviant eine ungeheure Menge von Kürbissen ausgehöhlt und mit Weizen angefüllt, und vor jeden zwölf Mäuse oder vier Ratten gespannt. Und so ging der Kriegszug in schönster Ordnung fünfzig Mann hoch, immer 2500 in einem Regiment, mit einer Spitzmaus an der Spitze als General. Diesen Spitzmäusen war befohlen, dann und wann zu pfeifen, damit man sich in der Nacht nicht verirren möchte.

Der Rattenkönig selbst ritt auf einem Iltis und hatte vier Irrwische vor sich hergehen, die ihm leuchteten.

So ging der Zug nach Rhense bei Koblenz auf den Königstuhl, wo die Versammlung sein sollte.

Dieser Königstuhl ist eine steinerne, runde Galerie mit Bänken rings herum auf acht Säulen ruhend, wohinauf eine Treppe führt. Es kamen vor alten guten Zeiten die Leute da zusammen, die gerne einen König gehabt hätten und wählten, wie die Kinder im Spiel, mit lustigen Reimen nach den Silben untereinander ab, wer König im Reich sein solle, und alles ging dabei unter offenem Himmel ganz deutsch weg. Nachher aber hat man dem Reich den Stuhl vor die Türe gesetzt, und da man den Wirt nicht zahlen können, ihm den Stuhl auf Abbruch in die Zeche gegeben; der hat ihn dann in sein Wirtsschild gemalt. – Gerade wie die ehemals lebendigen Staatstiere später in die Wappen gemalt worden sind.

Um diesen Königsstuhl nun versammelte sich das Kriegsheer des Rattenkönigs, und er ritt auf

seinem Iltis mit den vier Irrwischen hinauf; er fand das Weißmäuschen und seine Leute von der Binger Insel schon oben auf der Bank herum sitzen, und nachdem sie sich bewillkommt hatten, begannen sie zu beratschlagen, wie man dem König von Mainz am schnellsten beikommen könnte. Nach langem Hin- und Herüberlegen gab Weißmäuschen folgenden Rat, der auch einstimmig angenommen wurde. Es sprach also: »Soviel ich auf meiner Reise gehört habe, sollen morgen die Bauern um Mainz herum dem König 6 Dutzend Melonen für seinen Hofstaat und 24 Dutzend Kürbisse für seine Soldaten nach Mainz in sein Magazin liefern, und für jede Melone, für jeden Kürbis, der fehlt, hat er geschworen, einem Bauern den Kopf abschneiden zu lassen; denn die Hungersnot ist bereits so groß, daß er nichts mehr zu essen hat als Melonen und Kürbisse, welche hier herum häufig wachsen. Die Pferde, die Hunde und die Katzen, was sehr gut für uns ist, sind bereits alle gegessen, und der König ist uneinig mit der Königin, weil sie eher als die Staatskatze, die uns allein gefährlich ist, ein Stück von sich selbst zum Braten hergeben will. Diese Melonen und Kürbisse nun liegen hier in der Gegend aufgehäuft, und ich meine, es sollten sich, noch in dieser Nacht, in jede Melone ein Dutzend Braver von unsern Leuten hineinbeißen, und in jeden Kürbis drei oder vier

Dutzend von unseren freiwilligen Tapferen, so würde dadurch morgen um zwölf Uhr schon eine große Armee von uns nach Mainz auf Wagen ankommen; denn diese Früchte werden mit Vorspann von Menschen, weil alle Pferde verzehrt sind, im Trab nach Mainz gefahren. Da der König aber niemand in sein Magazin läßt, aus Mißtrauen, es möchte ihm etwas gestohlen werden, so werden wir nach der Ablieferung ganz allein mit ihm sein und ihn anfallen können.«

Dieser scharfsinnige Rat des Weißmäuschens wurde sogleich mit vielem Beifall angenommen, und man rief die Freiwilligen auf, hervorzutreten, die auch in solchem Überfluß hervortraten, daß man die Hälfte abweisen mußte; ja die große Armee hatte nicht einen einzigen Feigen, der sich weigerte, für das Wohl der Menschheit in Melone, Kürbis oder Gurke zu kriechen.

Nachdem sich nun immer die besten Kameraden dutzendweise zusammengerottet hatten, wurden sie nach den rings gelegenen Dörfern kommandiert und beordert, sich vor Tage noch in die aufgehäuften Früchte einzubeißen; welches auch in der besten Ordnung geschah, so daß die Bauern sie vor Tag, ohne eine andere Verwunderung, als daß ihnen die Früchte etwas schwerer schienen als gewöhnlich, auf ihre Karren luden und gegen Mainz fuhren.

Weißmäuschen bat sich nun Urlaub vom Rattenkönig aus, nach Mainz zur frommen Fischerin zu laufen und durch sie die armen Bürger unterrichten zu lassen, daß ihnen bald würde geholfen werden; der Rattenkönig entließ es mit tausend Segenswünschen und zog selbst mit seinem übrigen Heer ruhig gegen Mainz hin. Um den Jakobsberg zogen sie aber mit einem großen Umweg herum, weil es dort nicht sicher sein sollte, denn die Kundschafter hatten gemeldet, daß von jeher ein Postillon dort ermordet worden sei.

Wie es dem bösen König Hatto und seinen Soldaten in dem Mainzer Kornhause so übel erging, und wie er sich auf die Rheininsel bei Bingen flüchtete und dort mit seinen Mainzer Freimaurern den Mäuseturm erbaute.

Weißmäuschen lief nun so geschwind, daß es um sechs Uhr morgens schon wieder unter der leeren Wiege Ameleychens saß. Die Fischerin war eben aufgestanden und verrichtete unter Tränen und

Seufzern ihr Morgengebet auf ihrem Betstuhl und sagte unter anderm: »Ach gütiger Himmel! Nun ist Weißmäuschen schon vier Tage fort, ach Gott! Erhalte es und bewahre es vor Unglück und sende es mir bald mit Trost und Hilfe zurück.«

Als sie diese Worte ausgesprochen hatte, sah sie, daß sich die Wiege Ameleychens hin und her bewegte, und erschrak nicht wenig darüber; sie sprang hin und glaubte, ihr liebes Kind läge vielleicht wieder drin. Aber die Wiege war noch leer wie zuvor, und sie sprach traurig zu der Wiege:

»Schaukle nicht, du leere Wiege,
Als ob schlummernd das geliebte
Ameleychen in dir liege,
Das mich niemal nicht betrübte,
Das ich niemals wiederkriege,
Das ich also zärtlich liebte.
Schaukle nicht, du leere Wiege!

Wenn du schaukelst, leere Wiege!
Denk ich, daß nun in dem Rheine
Ameleychen schaukelnd liege,
Daß die Flut an harte Steine
Ihm sein blondes Haupt anschlüge,
Und ich weine, weine, weine:
Schaukle nicht, du leere Wiege!«

Aber es war Weißmäuschen, das hatte an der Wiegenschnur gezupft, um die Fischerin aufmerksam zu machen, und es sprach zu der guten Frau:

»Fischerin! Fischerin! Ruhig nur,
Weine nicht, weine nicht, Hilfe naht,
Weißmäuschen zog an der Wiegenschnur,
Hilfe bringt es und Trost und Rat.«

Nun hüpfte Weißmäuschen unter der Wiege hervor, der frommen Fischerin in den Schoß, die sich vor Freude gar nicht zu fassen wußte; und nachdem es der guten Frau tausend Fragen der Freude und des Wiedersehens beantwortet hatte, erzählte es ihr: daß heute einige tausend Mäuse gegen den bösen König in seinem eigenen Magazin erscheinen würden, daß auch morgen früh gewiß der König Mausohr von Trier mit seinem Freicorps in der Stadt sein würde, daß er Brot und Fleisch und Wein der Menge mitbringe. Es komme nun alles darauf an, daß man die ganze Stadt heimlich davon unterrichte, damit sie dem bösen König auf keine Weise Hilfe brächte; um zwölf Uhr würden die Bauern mit den Früchten da sein, und nach Tisch würde der Anfall auf den König losgehen; »und nun« – sprach es – »kommt es auf dich an, als auf eine kluge fromme Frau, diese Nachricht schnell und so zu verbreiten, daß sie hinreichend bekannt und doch den Soldaten und dem König verborgen bleibt.« – »Gleich will ich mich aufmachen«, – sprach die Fischerin – »und es in der Frühkirche den Leuten verkünden; es soll alles gut gehen; in einer halben Stunde bin ich wieder hier.«

Die Fischerin ging nun nach der Kirche, da machte soeben ihr Nachbar, der Barbier, Meister Schrabberling, seinen Laden auf und rief der guten Fischerin: »Einen guten Morgen, Frau Nachbarin! Hat Sie wohl ein Stückchen Seife? Ich armer Mann habe gestern abend aus Hunger mein letztes Stückchen Seife gegessen, und nun kann ich heute niemand rasieren!« – »Ich will Euch etwas vertrauen«, – sagte die Fischerin – »das wird den Leuten sanfter tun als Seife, und wenn Ihr es ihnen unter dem Rasieren erzählt, werden sie vor Freude lachen und weinen, wenn Ihr sie gleich mit stumpfen Messern trocken rasiert« – und nun erzählte sie dem Barbierer, was ihr Weißmäuschen befohlen, und der Barbierer hüpfte vor Freude, sagte es allen seinen Gesellen, und machte sich sogleich mit ihnen auf, es allen Leuten beim Rasieren zu erzählen. Als nun die Fischerin ein paar Häuser weiter ging, machte gerade der Perückenmacher, Meister Rupferling seinen Laden auf und grüßte sie: »Guten Morgen, Frau Fischerin! Ach, kann Sie mir nicht eine Hand voll Mehl und einen Löffel Butter schenken? Ich habe gestern Abend aus Hunger all mein Puder und Pomade aufgegessen, und weiß nicht, wie ich heute die Leute frisieren soll.« – Da sprach die Frau: »Meister Rupferling! Ich will Euch was erzählen, und sie werden vor Freude lachen und weinen, wenn Ihr ihnen auch die Haare ausrauft und ihnen die Haarnadeln in das Fleisch stecht« – und nun erzählte sie dem Perückenmacher alles, was Weißmäuschen befohlen, und Meister Rupferling hüpfte vor Freude den Laden hinaus durchs Fenster und rief seinen Gesellen und sagte es ihnen wieder; und nun liefen sie mit ihren leeren Puderbeuteln, die Nachricht zu verbreiten. Noch erzählte sie es dem Meister Kneterling, dem Bäcker, der eben kleine Brote, so groß wie Pfeffernüsse, aus Kleie gebacken ans Fenster legte, und dann dem Meister Hackerling, dem Fleischer, welcher einige Würste heraushängte, die er aus alten ledernen Hosen und Schuhen zusammengehackt hatte; hierauf kam sie an den Laden des Schusters, Meister Kneiperling; er kaute an einem Stück von

einem alten Schmierstiefel, so hungrig war er; dann kam sie zu Meister Meckerling, dem Schneider, er hatte gerade das letzte Horn seines alten Ziegenbocks, den er aus Hunger bereits aufgegessen, mit Wasser zum Feuer gesetzt, um eine Fleischbrühsuppe zu kochen, dem erzählte sie es auch, und so einem nach dem andern.

Da sie nun in die Kirche kam, worin es ganz dunkel war; denn das Öl in der Lampe und alle Wachslichter waren bereits aus Hunger von dem Pfarrer verzehrt, erzählte sie es einer Frau neben ihr und diese einer andern und immer so fort, bis es die ganze Kirche wußte.

Als sie nun wieder nach Hause ging, war die Geschichte schon so in der Stadt verbreitet, daß man es ihr wieder an allen Ecken erzählte; doch tat alles sehr heimlich, und merkte man es nur an den fröhlichen Gesichtern, mit denen sich die Leute grüßten, daß Gott den armen Leuten Hilfe bringe.

Endlich kam die Zeit, daß die Bauern mit den Früchten zum Schlosse einfuhren. Der König zankte und schimpfte, daß sie so spät gekommen; aber sie entschuldigten sich mit der Schwere ihrer Früchte. Der König freute sich darüber; denn er

glaubte, sie seien schwer, weil sie besonders gut und reif wären. Ja wohl waren sie reif und voll lebendiger Kerne! – Nachdem sie alle richtig abgezählt und in das Magazin aufgehäuft waren, zogen die Bauern wieder nach Haus, und der König verschloß sich allein in sein Magazin, um alles nachzuzählen. Da er aber eine Melone essen wollte, wunderte er sich über ihren schwarzen Stiel; denn es hing hinten ein Mäuseschwanz heraus. Er wollte ihn abreißen, aber sieh, da zog er die ganze Maus heraus, und die elf übrigen stürzten unter lautem Pfeifen nach. Als die andern dies Pfeifen hörten, stürzten sie haufenweise aus allen Melonen und Kürbissen, und es war recht entsetzlich, wie sie alle über den König herfielen und ihn zerbissen; zudem kugelten die bewegten Melonen und Kürbisse über ihn her, und er konnte sich gar nicht mehr helfen; er schrie und schlug und rief um Hilfe; aber es regte sich kein Mensch. Endlich konnte er die Tür erreichen; aber die Mäuse stürzten ihm alle nach, und als er durch den Schloßhof lief, wo sich die Bürger versammelt hatten, erschraken sie fast vor ihm, so schwarz war er mit Mäusen bedeckt; aber kein Mensch wollte ihm helfen. Er eilte vor das Zimmer der Königin und schrie, sie solle ihm um Gottes willen die Staatskatze ein wenig leihen; diese aber hatte sich eingeschlossen und rief zum Schlüsselloch heraus:

»Nein, ich leihe dir sie nicht, du willst sie wie den Staatsvogel auffressen.« – Da kroch er aus Verzweiflung in einen großen leeren Adlerkäfig.

Der Adler, welcher der Staatsvogel eines Landes gewesen, das er dem seinigen einverleibt hatte, und der hier das Gnadenbrot aß – denn hier hatte er einige Ruhe – den hatte er gestern bereits zum großen Unwillen der Königin aufgezehrt, welche mehr auf Herkommen hielt. Das Gitter war sehr eng, und mußten sich erst die kleinen Mäuse aussuchen, welche durch die Öffnung des Drahtes konnten. Da dieser Kasten an einem offnen Fenster des Schlosses stand, konnten ihn alle Leute sehen; aber sie lachten ihn aus und gönnten ihm die Strafe seiner Grausamkeit. Er schrie laut nach seinen Soldaten, die um das Kornhaus herumstanden, wo die armen Bürger drin waren; sie kamen anmarschiert, aber hinter ihnen drein kamen auch schon die Gefangenen, die aus dem Kornhaus gebrochen waren, als es die Soldaten verließen. Die ganze Stadt war in Bewegung; ein Hagel von Steinen bedeckte die Soldaten von allen Seiten, und man ließ ihnen keinen andern Weg offen als in das Kornhaus zurück, wo sie nun anstatt der armen Leute eingesperrt wurden, die jetzt von den übrigen umarmt und mit den Lebensmitteln erquickt wurden, die man in Menge aus dem offenen Kornhaus holte.

Der König aber kam von neuem in Not; denn nun waren die kleinsten Mäuse zusammengetreten und drangen in den Käfig ein, und als er seine Untertanen um Hilfe anflehte, riefen sie ihm zu: »Gedenke, wie wir hungernd im Kornhause wimmerten, da sagtest du, ei, wie meine Kornmäuse pfeifen; jetzt versuche auch, wie die hungrigen Kornmäuse beißen.« – Als aber der König so im Käfig sich gegen die kleinen Mäuse wehrte und um sich schlug, fiel der Käfig vom Fenster in die Stube zurück, und er fing an, sich in dem Käfig herumzurollen, wodurch er ziemlich frei von seinen Feinden wurde, weil sie Gefahr liefen, erdrückt zu werden; er rollte sich bis vor den Saal der Königin und flehte von neuem so wehmütig um die Staatskatze, daß sie sich endlich erbarmte und zur Türe heraus trat. Als sie ihren Gemahl von Mäusen umringt in dem Käfig liegen sah, sprach sie: »Ihro Majestät haben sich dies Elend durch dero Treulosigkeit, Geiz und Grausamkeit selbst zugezogen; ich kann Ihnen aber mit der Staatskatze nicht dienen; es ist gegen alle Schicklichkeit, dieses Familientier nach seinem Naturstande zu gebrauchen.«

Der König bat sie um Gottes willen, ihre Weisheit auf ein andermal zu sparen und ihm nur jetzt zu helfen; er begehrte von ihr, sie möchte ihn aufs Wasser bringen und mit ihm auf die Insel nach

Bingen fahren, wo er, vom Rhein umgeben, gewiß von seinen Verfolgern frei sein würde. Sie rollte nun den Käfig in ihre Stube, in welche die Mäuse wegen der Staatskatze sich nicht hinein getrauten, und fragte aus dem Fenster das Volk, ob sie ihr und ihrem Gemahl freien Abzug nach der Binger Rheininsel gestatten wollten, so wollte er ihnen Freiheit und Ruhe und so viele Konstitutionen zugestehen, als sie Lust hätten zu verbrauchen. Aber es müßten einige Maurer mitfahren und ihm dort einen Turm bauen.

Das Volk, welches froh war, ihn los zu werden, gestand ihm alles zu und ließ ihn hundert von den eingesperrten Freischützen als Maurer mitnehmen. Und daraus sind die Freimaurer geworden.

Sie rüsteten sogleich ein Schiff aus, füllten es mit Lebensmitteln, und die Königin wälzte ihren Gemahl, während sie die Staatskatze trug, in dem Käfig die breiten steinernen Schloßtreppen herunter, daß der böse Schelm ach und weh schrie; und so wälzte sie ihn mit dem Fuße stoßend durch die ganze Stadt, mitten durch das Volk, welches ihm zurief: »Diese Bewegung ist dir gut zur Verdauung, denn du hast alles selbst gegessen und uns hungern lassen.« – Endlich kollerte er auf dem Landungsbrette zum Schiffe hinauf, und von da, plumps, noch einen bösen Fall ins Schiff hinunter, welches unter den Verwünschungen der ganzen

Stadt mit ihm und seinen Freimaurern den Rhein hinunter segelte.

Nun verteilten die Mainzer die gefundenen Vorräte untereinander, und jedes führte seinen armen, gefangen gewesenen Gatten, Vater oder Bruder nach Haus, um ihn zu bewirten und zu pflegen; und da es Abend und dunkel wurde, zogen sich die Mäuse wieder zur Stadt hinaus, dem Rattenkönig entgegen, um ihm zu berichten, wie übel zugerichtet der böse König Hatto nach der Binger Rheininsel geschifft sei.

Der Rattenkönig erhob nun die Mäuse, die sich bei dieser Gelegenheit mit Ruhm bedeckt hatten, eine nach der andern in Adelstand, und gab der einen freie Erlaubnis, sich die Parmesanmaus zu nennen und künftig die Parmesankäse eines gewissen Krämers zu benagen; einer anderen gab er den Namen Edamermaus, einer andern Limburger-, einer dritten Schweizermaus, Biskuitmaus, Marzipanmaus usw.; jeder auch die Anweisung auf irgendeinen Ort, wo sie sich an den Speisen ihres Namens satt fressen könnte; und nun entließ er sie für diesmal, weil sie ihren Teil getan hatten.

Mit der übrigen Armee zog er nach Bingen auf den Rochusberg, um zu überlegen, wie man dem König auf der Insel beikommen sollte, weil man gegen die Staatskatze gewisse völker- und naturrechtliche Rücksichten zu schonen hatte. Er sah die

Freischützen des Königs die ganze Nacht schon beschäftigt, bei dem Schein der Fackeln Steine an dem Rüdesheimer Felsen zu brechen und zu sammeln, um den Turm für den König zu bauen, und dies ergrimmte ihn um so mehr, weil dort ehedem seine Wohnung gewesen; aber er wollte doch gegen die Staatskatze die Schicklichkeit nicht verletzen, damit sie allein den Vorwurf trage, einen falschen Schritt oder vielmehr Sprung in das Hochzeitsschiff gegen ihn getan zu haben, was gegen alle herkömmliche Unverletzbarkeit gewesen, und so sah er denn ruhig zu, wie man den Turm gründete und baute.

Wie es dem Prinzen Mausohr in dem Feldzug mit seinen tapfern Soldaten erging.

Als die Mainzer die erste Nacht geruht hatten, zogen sie den frühen Morgen dem Prinz Mausohr entgegen, und Weißmäuschen eilte ihnen voraus.

Der gute General, welchem Prinz Mausohr vor seiner ersten Reise nach Mainz einen Wink vom Krieg fallen lassen, hatte diesen nicht hinter den Spiegel gesteckt, sondern diesen Wink vielmehr an die große Sturmglocke und an die Kriegsfahne gehängt. »Rattenkahl und seine Mutter!« war Parole und Zapfenstreich geworden. Da die Vaterlandsliebe damals in ihren besten Jahren war, ließ sich kein Landeskind, ohne an Heimweh zu sterben, außer Landes gebrauchen, und man hatte deswegen ein größeres Freicorps von Überläufern angeworben, erstens, weil sie von selbst kämen, und zweitens, weil man durch ihr Überlaufen gewiß war, daß sie von der Stelle zu bringen seien. Diese Helden bestanden meistens aus Lalenburger und Schildaer Freiwilligen und einem Rest Kochemer Landsturm; auch aus Gaskonien waren viele Messerträger dabei, berühmt und gefährlich wegen ihrem Aufschneiden. Man hatte diese alle in Ketten gelegt, um sie wilder zu machen. Wenn nun die Wildesten aus den Ketten herausbrachen, legte man diese in stärkere Bande, und da brachen die Stärksten wieder heraus, die man wieder anschmiedete, und die, welche dann zum drittenmal herausbrachen, das waren die rechten Leute und wurden mit Ehren überhäuft.

So hatte man einen Extrakt des Heldenmuts in wenigen Leuten und sie brauchten so keine breiten Wege und machten nicht so vielen Staub als die vielen Leute; es war dieses eine schöne Erfindung, ist aber, wie vieles Alte, wieder abgekommen.

Diese Kerntruppe wurde auch erstaunlich gelehrt, Tag und Nacht stand der Oberprofoß, wovon nachher das Wort Professor gekommen, bei ihnen im Kerker; lehrte sie die verschiedenen Sprachen von Trier bis Mainz sprechen, und die verschiedenen Weine durch Beschreibung, der Nüchternheit halber, kennen; der Tambourmajor lehrte sie heldenmäßige, fürchterliche Stellungen, nach alten Heidenfiguren, die noch an allen Ecken standen; auch die Kunst, selbst im Schlaf mit gestreckten Beinen und martialischem Schnarchen einen gewaltigen Eindruck zu machen, erlernten sie, was gegen nächtliche Überfälle eine unfehlbare Waffe ist; dann lehrte sie abwechselnd mit der Kunst,

resolut zu sterben, der Feldprediger den Umgang mit Menschen und Vieh, und der Staatstrompeter gab Unterricht, sich mit Aufblasen ein Ansehen zu geben, in der Eile die schönsten Proklamationen selbst zu machen und in Chören abzusingen. Der General selbst gab Unterricht in der Weltgeschichte aus dem gehörnten Siegfried, der schönen Magelona, der Genovefa, den vier Haimonskindern und so weiter, und da sie nun ausmarschierten, las man ihnen auf dem Marsche die Schwabenstreiche, das Lalenbuch und die Schildbürger vor, und Komma und Punkt wurden mit Trommel und Pfeife dazwischen bemerkt.

In solcher tiefsinnigen Gelehrsamkeit marschierten sie, einer hinter dem andern, um kein Aufsehen zu machen, auf den kleinen Fußpfaden, ohne weiteren Unfall, als daß der Trommelschläger einigemal *semicolon* statt *duo puncta*[1] und einmal Fragezeichen statt Ausrufungszeichen trommelte, wodurch große Unordnung in den Marsch kam, weil sie das linke Bein mit dem rechten verwechselten. In einem solchen zerstreuten Augenblick kamen sie in die Gegend, wo eben der Storch Langebein seine Schuljungen zusammenklapperte; da glaubten sie, der Tambour schlage *et cetera,* was das Zeichen zum allgemeinen Davonlaufen war. Mit ungemeiner Genauigkeit wurde dieses Manöver ausgeführt.

1 Strichpunkt statt Doppelpunkt

Meister Langebein mußte, um nicht über den Haufen gerannt zu werden, in die Lüfte fliegen, und da sie seinen roten Schnabel für einen feurigen Kriegskometen hielten, so liefen sie in forcierten Märschen. Nun schlug zwar der Prinz Mausohr selbst *Parenthesis* und *Claudatur*[2] aber vergebens; er stand allein auf der Wiese, und Meister Langebein kam vor ihm niedergeflogen.

Obschon nun der Storch Langebein sich aus den Lüften herabließ, so gab ihm doch Prinz Mausohr an Herablassung nichts nach; denn er drückte ihn allerhöchst zärtlich an sein Herz, wobei der Storch den Schnabel auf den Rücken legte, und mit zugedrückten Augen einen respektvollsten Klapperlispel ergehen ließ. Es war dieses eine Gruppe von der größten Anmut und Wirkung und ist nachher von den Bildhauern, Tänzern, Kunstbäckern und Hundepantomimen oft mit Beifall wiederholt worden. Langebein legte aber früh genug seinen Schnabel wieder in die erste Position, um

2 Klammer auf und Klammer zu

nicht ein Opfer dieses schönen Augenblicks zu werden; denn Mausohr drückte stark, und die vielen blanken Knöpfe, Schnallen und Zierraten auf seiner Brust machten einen etwas starken Eindruck auf Langebeins hagere Brust, so daß ihm das Übermaß seiner Empfindung höchst gefährlich ward. Es wäre zwar ein beneidenswerter Tod gewesen, aber der Titel als Kommerzienrat war auch nicht zu verachten; denn diesen gab ihm Mausohr sogleich, da er ihn aus seinen Armen entließ; jedoch unter der Bedingung, ihm wieder eine solche Versammlungspfeife, wie das erstemal, zu bringen. Der Herr Kommerzienrat war gleich auf den Beinen, und Mausohr setzte sich an die Trommel, welche der Tambourmajor bei dem allgemeinen Fluchtmanöver weggeworfen hatte. Diese Situation im Feldzug Mausohrs beschreibt eine schöne Stelle in dem Heldenbuch mit folgenden Worten:

Der Held auf seiner Trommel sitzt
Im schicksalvollen Wiesengrund,
Die Mütze sinnt, das Knopfloch blitzt,
Zum Pfeifen spitzet sich der Mund.

Durch wenig Interpunktion,
Durch plötzliches *et cetera*
Und große Subordination
Kam seinem Heer die Flucht zu nah.

Kommerzienrat! Kommerzienrat!
Die Sammelpfeife bring heran,
Und zeige dich mit schneller Tat
Als Favorit und Untertan.

Es spricht der Held, es läuft der Storch,
Die Pfeife lockt vom Heldenmund
So süß, so milden Klang, horch, horch!
O schicksalsvoller Wiesengrund.

Rings um den Moor, rings um den Sumpf
Zieht kühn heran die Heldenschar
Und stellet sich mit schwarzem Strumpf
Schön uniform von unten dar.

Die Pfeife lockt sie in den Bach
Und gleich stehn alle unbewegt,
Weil schnell des Storches Trommelschlag
Parenthesis Claudatur schlägt.

Dieses Lied sagt alles. Die Kriegskunst Mausohrs übertraf sich selbst, er pfiff einen Generalpardon und eine Proklamation und eine höchste Zufriedenheit in schöner Abwechslung durcheinander und schloß mit einem Triller von Gehaltzulage, als sie in dem Bache standen, mit allgemeinem Beifall. Dieses Finale war um so kühner, weil sogleich die ganze Heldenschar mit vorgehaltenen Mützen aus

dem Bache heraus wollte, um die erhöhte Gage zu fassen.

Aber hier zeigte sich das Talent des Kommerzienrats Langebein, den Augenblick zu benützen, im höchsten Glanz. Er hatte sich während dem Pfeifen Mausohrs die Trommel auf den Rücken gehängt, beugte seinen Schnabel darauf hin, und trommelte mit solcher Kraft *Parenthesis* und *Claudatur*, daß das Heer, wie in Klammern festgebannt, im Bache stehen blieb; so machte er sein früheres unglückliches *et cetera* wieder gut. – Mausohr degradierte nun den Tambourmajor wegen falscher Interpunktion und stellte dem Corps den Kommerzienrat als Reichstambour vor. Langebein hatte während dieser neuen Standeserhöhung so seine eigenen Gedanken und Nahrungssorgen, und schaute etwas links ins Gras, fuhr auch mit dem Schnabel nach einem kleinen Tierchen, das er in die Luft schleuderte, um es bequemer im Niederfallen aufzuschnappen; aber Mausohr, für Mäusestimmen ungemein reizbar, hörte früh genug den Schrei des Weißmäuschens: »Hilf, hilf, Mausohr!« Er warf sogleich seine Pelzmütze in die Luft, welche dem Meister Langebein sich durch den Schnabel spießend über den Kopf fiel und ihn ungefährlich machte. Während nun Weißmäuschen, das zu den Füßen Mausohrs gefallen war, sich ein wenig von seinem Schrecken erholte und dann dem Prinzen auf die rührendste Weise für seine Rettung dankte, bemühte sich der Storch umsonst, die Pudelmütze vom Kopf zu kriegen, denn der Schnabel war ihm durchgespießt, und konnte er weder klappern noch sehen und lief wie toll auf der Wiese herum und stolperte und schüttelte mit dem Kopf. Endlich kamen die Kinder und machten ihrem Herrn Schulmeister, nachdem sie sich lange über seine schöne Perücke erfreut hatten, die Pudelmütze wieder los.

Weißmäuschen erzählte dem Prinzen den ganzen Sieg der Mäuse in Mainz, und daß ihm nichts mehr zu tun übrig sei, als in die Stadt zu ziehen, deren Bürger ihm schon mit den Schlüsseln entgegen kämen, um sie als König in Besitz zu nehmen. Auch sagte Weißmäuschen, er würde gut tun, seine Soldaten hier im Lande zurückzulassen, da wenig zu essen in Mainz sei und an keinen Widerstand zu denken; doch möge er sogleich mit ihm gehen, denn die Mainzer Abgesandten seien kaum eine halbe Stunde weit mehr von hier, und sei zu fürchten, die Freude würde getrübt werden, wenn die armen Leute hier die Kinder sähen; denn da sie durch ihn ihre Kinder verloren, würde der Anblick dieser Kleinen eine traurige Erinnerung in ihnen erwecken. – Mausohr wollte eben den Vorschlägen Weißmäuschens seinen Beifall geben, als der Salvo Titulo Storch, der eine Zeitlang verdrießlich im Hintergrunde gestanden, vor ihn trat und bitter klagte, daß er durch den Wurf mit seiner königlichen Pelzkappe um alle Reputation und Respekt vor seiner Schuljugend gekommen. Mausohr aber sagte:

»Rittertum gibt Königshand,
Königskappe gibt Verstand;
Setz die Kappe auf das Ohr,
Kommandier mein' Heldenchor«

und setzte ihm die Mütze feierlich vor der Armee auf, mit dem Befehl, in ihrer Position ruhig bis auf weitere Order zu verweilen und in stiller Haltung durch die darin befindlichen Blutegel ihr Blut für das Vaterland fließen zu lassen, was ihnen versprochen sei; zugleich aber dadurch ihren allzugroßen Mut für den Frieden abzukühlen und als brauchbare Staatsdiener zurückzukehren. Dem neuen Kommandant sollten als Proviant für den Mann täglich ein Frosch und eine Handvoll Brunnenkresse vergütet werden. Leider war später die falsche Beschuldigung im Umlaufe, sie hätten über den andern Tag mit einer Heuschrecke vorlieb nehmen müssen. Aber der Herr Kommerzienrat fanden es unter ihrer Würde, auf solche niedrige Verleumdungen zu antworten. Als Studium ward der Festungsdienst in Wasserpositionen angeordnet, und auch die Preisfrage aufgeworfen, mit einem halben Sold als Belohnung, den eigentlichen Ort auszumitteln, wo jeder Schwabenstreich zuerst geschehen ist. Als Mausohrs Willen mit großem Beifall angehört worden, schlich er sich, unter bitterlichen Abschiedsseufzern seiner Helden, mit Weißmäuschen wie eine Katze zum Taubenschlag davon, herzlich froh, seine tapfern Soldaten, die ihm auf dem kurzen Marsch so viele Arbeit gemacht, nicht nötig zu haben.

Die Wagen mit Lebensmitteln waren der Armee schon vorausgegangen, und er fand sie zwei Stunden vor Mainz, wo er gerade noch so viel Zeit hatte, sich auf einen Wagen voll Sauerkraut zu setzen, als schon die Mainzer Abgesandten ihm entgegen kamen. Um sich aber doch, da er so ganz allein und ohne Armee kam, einiges Ansehen zu geben ließ er den ganzen Zug der Viktualien sich folgendermaßen ordnen: er selbst saß auf einem ungemein großen Schinken, der auf einem Wagen voll Sauerkraut lag, und dieser Wagen war mit Girlanden von allerlei Würsten und Schinken umgeben und von acht der schönsten Mastochsen gezogen. Auf beiden Seiten standen zwei Wagen voll Erbsenmus und weiter zwanzig Karren voll Brot und dann noch unzählig viele Kälber, Kühe, Schweine und so weiter.

Dem angenehmen Geruch dieser Delikatessen zogen die armen hungernden Abgesandten entge-

gen. Sie bestanden aber zuerst aus dem Fischer und seiner frommen Marzibille, aus dem Barbier Schrabberling, dem Friseur Rupferling, dem Schuster Kneiperling, dem Fleischer Hackerling und dem Schneider Meckerling. Ach, welche Gefühle von Ehrfurcht und Liebe hatten sie beim Anblick des Sauerkrauts und der Würste und des Prinzen! Sie übergaben ihm die Schlüssel der Stadt, und nachdem sie sich etwas an seiner Pracht sattgegessen, folgten sie seinem Zug nach Mainz, dort spannten ihm sogleich die Einwohner seine Ochsen aus, die sie schlachten ließen, und zogen ihn selbst in die Stadt.

Alle Lebensmittel wurden verteilt, die Soldaten auf ihr Ehrenwort aus dem Gefängnis entlassen und, da sie es selbst begehrten, alle in Ruhe gesetzt, worauf allgemeines Schmausen und Gesundheittrinken begann. Nachdem diese Feierlichkeiten vorüber, machte Mausohr den Bürgern bekannt: Da all ihr Unglück aus der Treulosigkeit des Königs gegen seine nun entschlafenen Anverwandten und gegen den Müller Radlauf herrühre, so wolle er damit anfangen, dieses gut zu machen. Er begehre also, daß vor dem Schloß, wo der Galgen gestanden, eine Pyramide aufgerichtet werde; auf der einen Seite sollte seiner Eltern, auf der andern des Müllers, auf der dritten der Ameley und der Kinder Untergang, auf der vierten der Errettung der Stadt durch die Mäuse gedacht werden. Er selbst nahm die Stadt nur in Besitz, bis der Müller Radlauf, der verschwunden sei, wieder erscheine, der solle sodann ihr König sein.

Die Bürger waren sehr erfreut darüber und schrien: Vivat! Den folgenden Tag legte Mausohr den Grundstein zur Pyramide, teilte den Bauern Saatkorn aus und zog sodann wieder, von den Bürgern begleitet, zum Storch und zu seiner Armee, wo ihn die Bürger unter tausend Segenswünschen verließen.

Vierzehn Tage war er weg gewesen, und wie war er von der Kriegszucht seiner Armee gerührt, da er sie alle miteinander noch auf derselben Stelle im Fußbad begriffen fand, wo er sie gelassen. Das Blutbad hatte ungemein gewirkt, und war ihre Tapferkeit so gemäßigt, daß sie ordentlich miteinander sprachen und gegeneinander über die schwere feuchte Position fluchten, daß es eine Art hatte. Der Prinz kommandierte sie nun selbst aus dem Wasser heraus; aber sie antworteten durch einen Trompeter, daß sie sich nicht eher ergeben würden, bis ihnen das Schnupftuch in der Tasche brennte, sie hätten während der vierzehn Tage solche Fortschritte in der Subordination gemacht, daß diese Festung, die ganz unter Wasser sei und wo ihre Füße bis an die Waden eingegraben seien, nicht eher übergeben werden könne, bis alle Laufgräben zum Laufen eröffnet und ein Loch geschossen sei, durch das man entwischen könne.

Der Prinz hatte nun nebst dem P. T. Storch von neuem seine Not; er konnte sie auf keine Art aus ihrer eingebildeten Festung herausbringen; endlich ließ der ehemalige Schulmeister durch die Kinder das Bächlein oben abdämmen, und sie standen bald im Trocknen; dann ging der Prinz und steckte mit seiner Tabakspfeife einem nach dem andern das Schnupftuch in der Tasche an, und sodann zogen sie auf eine ehrenvolle Kapitulation hin, wo sie Lust hatten, um die aufgegebene Preisfrage ruhig auszuarbeiten. Der Prinz dankte Gott, daß er seine braven und großen Helden los ward, und zog auch nach Trier zurück. Von diesen ausgezeichneten Helden sind nachher alle die vielen Burgen und Türme am Rhein und an der Mosel erbaut worden, denn sie hatten Abscheu gegen das Wasser erhalten.

Nun wollen wir aber sehen, wie weit der König Hatto mit seinem Turme gekommen. Aber der ist bereits fertig und steht mitten auf der Insel; der König und die Königin sitzen in ihrer Kammer und lachen den Rattenkönig aus, der sie auf dem Rochusberg ruhig beobachtet. Dann und wann zeigt die Königin dem Rattenkönig die Staatskatze zum Fenster hinaus und ladet ihn höhnisch zum Besuch. Aber der Rattenkönig rümpft die Nase und bleibt in seiner Haltung.

So stehen die Sachen, als Hatto sagt: »Nun muß unser Turm seinen Namen haben; ich will, er soll Mäuseturm heißen, weil er mich von den Mäusen gerettet.« – »Nein«, sagt die Königin, »der Name würde der Staatskatze, welche die Mäuse haßt, verdrießlich sein, lasse das ›s‹ weg und nenne ihn Mauturm, weil die Katze durch ihr Mauen die Mäuse abhält.« – Das wollte der König nicht, sie zankten sich, und als er sagte, die Katze sei solcher Ehren gar nicht wert, seit sie durch ihren Sprung ins Hochzeitsschiff ein großes Unglück veranlaßt

habe, schwieg die Königin und begab sich, da es Nacht war, hinab, setzte sich auf das Schiff und fuhr den Rhein weiter hinab und baute sich ein Schloß bei St. Goar, das sie die Katze nannte, und worauf sie ruhig fortlebte.

Als der Rattenkönig durch seine Schildwachen erfuhr, daß die Königin mit der Staatskatze fort sei, ließ er sogleich seine ganze Armee in der Nacht von den Wasserratten nach der Insel übersetzen, und nun rächte er den Spott des Königs Hatto, der umsonst nach seiner Gemahlin und der Staatskatze rief, bitter. Er stürmte von allen Seiten den Turm, und ehe es noch Abend geworden war, hatte er den König samt allen seinen Leuten aufgefressen. Nun ließ er die Mäuse, die von der Insel waren, drauf zurück und begab sich mit den übrigen wieder nach Trier, wo er sie entließ. Um der Königin von Mainz aber auf ihrem Schlosse die Spitze zu bieten, ließ er auf der andern Seite, dem Schlosse Katz gegenüber, ein Schloß bauen, dem er den Namen Maus gab und das er mit Mäusen und einigen von des Königs Mausohr da herumstreifenden Kriegsstudenten besetzte. Beide Schlösser sind noch bis auf den heutigen Tag zu sehen.

Wie das Goldfischlein wieder zum Vorschein kam, und was es von dem alten Vater Rhein und den Kindern erzählte.

Als die Mainzer Bürger sich durch Essen und Trinken ein wenig herausgefüttert hatten und mit der Pyramide fertig waren, wurden sie durch die Inschrift derselben wieder gar sehr an den traurigen Verlust ihrer Kinder erinnert und waren wieder gar sehr betrübt. In solchen traurigen Gedanken lagen auch an einem Sonntagmorgen Marzibille und der Fischer im Bett und sprachen von ihrem Ameleychen. »Ach«, sagte der Fischer, »was die Sonne so schön über dem Rhein aufgeht, gehen wir hinaus und rufen dem Goldfischchen, vielleicht bringt es heute Nachricht.« Sogleich machten sich beide auf, füllten das Glas des Fischchens mit frischem Wasser und streuten Brosamen hinein, und nun gingen sie, da die ganze Stadt noch schlief, an den Fluß und setzten sich an die Stelle, wo das Fischchen vor einem Jahr dem Ameleychen in den Schoß gesprungen war, und nun rief Marzibille:

»Sonnenschein
Überm Rhein,

Goldfischlein
Im Wellenschein,
Sag geschwind
Wie der Wind,
Ob mein Kind
Wolle oder Seide spinnt?«

Siehe, da machte das Wasser einige Ringe, und hopp, sprang das Goldfischlein der Fischerin in das Glas, das sie auf dem Schoß hatte und sprach:

»Seide, Seide, Seide
Spinnt dein Kind voll Freude;
In dem Sonntagskleide
Sitzt es auf dem Wasserschloß
In des alten Rheines Schoß;
Spielt ihm in dem grünen Bart
Mit den kleinen Händen zart;
All die andern Kinder sitzen
Rings und tun die Ohren spitzen,
Weil der alte Wassermann
Märchen schön erzählen kann;
Und die fromme Prinzessin
Sitzt im Kreise mitten drin;
Ameleychen läßt euch grüßen
Recht von Kopf bis zu den Füßen,
Danket euch für Rock und Schuh,
Für das Hemdlein auch dazu!«

Als der Fischer und die Fischerin diese Worte des Goldfischchens gehört hatten, waren sie ganz außer sich vor Freude; sie liefen geschwind mit dem Goldfischlein nach Hause, deckten ihr Tischchen mit einem weißen Tuch, stellten das Fischlein drauf und setzten sich beide dazu, und nun sprach Marzibille: »Erzähle, Fischchen, erzähle«; aber da kam Weißmäuschen auch unter der Wiege hervor und sprang voller Freuden herum, daß das Goldfischchen wieder da war, und sie ließen das Weißmäuschen auf dem Tisch springen, und da saß es ganz aufmerksam, und sie hörten alle drei zu, was das Goldfischchen erzählte.

»Als ihr mich in den Rhein warft, Frau Marzibille, und das Bündelchen Kleider hinter mir drein, kamen gleich ein paar große Hechte heran geschwommen und glaubten, die roten Schuhe wären was zu fressen; ich schlüpfte aber in den einen Schuh, und hörte, wie sie sagten:

›Das ist wieder nur ein Klumpen
Bunter Lumpen,
Mag den Kindern wohl gehören,
Die wir täglich lachen hören,
Die wir gar zu gerne fräßen,
Wenn sie nicht im Schlosse säßen.‹

Und nun schwammen sie fort; ich war voller Freude, daß ich gehört hatte, die Kinder säßen in einem Schlosse und lachten; doch blieb ich in meinem Schuhe sitzen und lauerte weiter. Sieh, da kamen ein paar dicke Rheinkarpfen anspaziert, ein paar alte Leutchen, sie hatten graues Moos vor Alter auf dem Kopfe wachsen, da sagte die Karpfin zum Karpfen:

›Alterchen, das wär so was,
Zieh das Röckchen an zum Spaß,
Ich will in das Hemdchen schleichen,
Daß wir so den Menschen gleichen,
Und dann schwimmen wir zum Schloß,
Machen tolle Sprünge groß,
Und die Kinder werden meinen,
Daß wir seien, was wir scheinen:
Ich ein Mädchen, du ein Bübchen;
Und sie werden dann, mein Liebchen,
Zu uns vor die Türe kommen,
Daß wir werden aufgenommen;
Dann paß auf, wie ich dann schnappe,
Einen Jungen mir ertappe,
Du ein Mägdlein magst erwischen,
Jeder soll sich eines fischen.‹

Der alte Karpfen war ganz bereit zu der Maskerade, die ihm sein närrisches junges Weib vorschlug, sie half ihm in das Jäckchen und schlüpfte selbst in das Hemd und schwammen sie lachend, von vielen andern Fischen verfolgt, den Rhein hinunter. Nun wäre mir das eine schöne Gelegenheit gewesen, mit ihnen nach dem Wasserschloß zu kommen; aber ich wollte die schönen roten Schuhe nicht zurücklassen, und auch ängstlich war es mir, daß sie mit Ameleychens Kleidern auf und davon gingen.

Als ich kaum einige Minuten nachgedacht hatte, was ich anfangen sollte, siehe, da ging der Mond

auf und ergoß sein erquickendes Licht von den Rebenhügeln hinab bis auf den Grund des Rheines, und die Flut schimmerte unter und ober mir wie ein fließender Smaragd, meine goldenen Floßfedern schimmerten, und die roten Schuhe, in denen ich steckte, glänzten wie eine Koralle; es war mir durch und durch wohl und selig; da rauschte etwas mit den gelben Wellen des Mainstromes an mich heran und bald erkannte ich eine heitere Schar von Nymphen. Es zogen voraus zwei schöne mutige Jünglinge, der weiße Main und der rote Main, die kräftigen Söhne des Fichtelberges; sie schwammen mit verschlungenen Armen und sangen ein Doppellied, um sie her gaukelten viele schöne Nymphen, ihre Gespielinnen, Geliebte und Bräute; die freudige Urdach, die freundliche Itsch, die lustige Baunach, Lautenbach und Ellern, dann die edle Nordgauerin, die Rednitz, mit ihren Gespielen, der kunstreichen Pegnitz, der Wiesent und Aisch, weiter die kluge Saale und die sinnreiche Sinna, dann die spielende Lohr und die berauschte Tauber und zuletzt die liebliche Nidda; alle diese rauschten mit Weinlauf, Früchten, bunten Wimpeln, Harfen und Hörnern geschmückt, um die beiden Jünglinge singend und klingend, mit lautem Jubel in dem mondglänzenden Rhein. Als sie über mir waren, sangen sie alle miteinander:

›Himmel oben, Himmel unten,
Stern und Mond in Wellen lacht,
Und in Traum und Luft gewunden
Spiegelt sich die fromme Nacht.

Welch entzückend laues Wehen!
Blumenatem! Traubenduft!
Wie die Felsen ernsthaft sehen
In des Widerhalles Kluft!

Rhein, du breites Hochzeitsbette!
Himmelhohes Lustgerüst!
Wo sich spielend um die Wette,
Stern und Mond und Welle küßt.‹

Und nun sangen die Brüder, der weiße und rote Main:

›Aus dem alten Fichtelberge
Rauscht zu dir das Brüderpaar,
Im Gestein die klugen Zwerge
Machten uns manch Märlein klar.

Mit uns ziehen zu dir nieder
Viele Nymphen schön und klug
Und wir bringen alte Lieder,
Alte Märchen dir genug.

Rhein, du hast uns eingeladen
In dein grünes Wasserschloß
Zwischen jauchzenden Gestaden,
In den kühlen Felsenschoß.

Und wir wollen jenen Kindern,
Die du drin gefangen hast,
Märchen singend, bald vermindern
Ihres Heimwehs bittre Last.‹

Und nun sangen die Nymphen eine nach der andern:

›Freundlich bin ich, Rodach heiß ich,
Roter Röslein manchen Strauß
Von gebückten Büschen reiß ich,
Teil sie frommen Kindern aus.

Ich bin heimlich, heiße Itsche,
Wenn, wo Dorn und Schlehe blüht,
Still ich durch die Felsen witsche,
Lausche ich der Hirtin Lied.

Baunach, Leutenbach und Ellern
Sind wir, bringen Kiesel rund,
Die wir in den Felsenkellern
Ausgesucht hübsch glatt und bunt.

Ich bin edel, heiße Regnitz,
Stamme aus dem Nordgau her,
Aysch und Wiesent und die Pegnitz
Tragen meine Gaben schwer.

Aysch bringt rote Pfaffenhütlein,
Wiesenblümlein Wiesent bringt,
Und manch Märlein und manch Liedlein
Wissen wir, das lieblich klingt.

Ich die Pegnitz sinnreich heiter,
Bring den Kindern Spielerei:
Trommeln, Pfeifen, Puppen, Reiter
Führ aus Nürnberg ich herbei.

Arche Noäh, Gänsespiele,
Pfefferkuchen, buntes Wachs,
Bilderbücher, ei wie viele!
Und manch Liedlein von Hans Sachs.

Ei, die Kindlein werden lachen
Über all den lieben Tand,
Breit ich erst die schönen Sachen
Ihnen aus im klaren Sand.

Heißa! Lustig! Rockenstube,
Jahrmarkt, Niklas, heil'ger Christ,
Freu dich, Mägdlein, freu dich, Bube!
Alles hier beisammen ist.

Ich die kluge Saale heiße,
bin ein Nixchen wunderbar,
Stell verwandelt mancherweise
Bald als Kind, als Greis mich dar.

Sinnreich bin ich, Sinna heiß ich,
Wandle durch den Erlenwald,
Und vom Erlenkönig weiß ich
Auch manch Lied, das rührend schallt.

Rauschend durch die Mühlen spring ich,
Spiele gern und heiße Lohr,
Von dem Müllerburschen sing ich,
Der sein treues Lieb verlor.

Tauber heiß ich, Reben schwing ich
Trunken in dem Taubergrund,
Und den Kindern Tauben bring ich
Um die Hälse golden bunt.

Und ich heiße, Nidda, Nidda,
Im Gebüsch versteck ich mich,
Rufe immer: Nit da, nit da,
Mit den Kindern neck ich mich.‹

Und nun sangen sie wieder alle zusammen:

›Seid gegrüßt, ihr Rebenhügel!
Seid gegrüßt, ihr Felsenstein'!

Die ihr unter Gottes Flügel
Also süß geschlummert ein.

Felder, Korn und Blumen tragend,
Hirtenflöten einsam klagend,
Hohe Türme, Glocken schlagend
Kirchlein, Schloß am Felsen ragend.

All ihr hochgeherzten Helden,
Die zu Bacchus' Hochaltar
sich zum blauen Spiegel stellten,
Seid gegrüßt von unsrer Schar!‹

Und nun wollten sie eben selig den Rhein, der unter dem blauen Sternhimmel wie eine herrliche Gruft voll Edelsteinen hinaus schimmerte, hinabziehen, als die beiden Brüder Weiß-Main und Rot-Main die roten Schuhe, in denen ich lauschte, bemerkten und niedertauchend also sangen:

›Aber sieh da, auf dem Grunde,
Wie das schimmert, sieh doch zu!
Ei potz tausend, ein paar bunte,
Neue, rote Kinderschuh!

Ei, die nehm ich mit geschwinde,
Ehre leg ich damit ein,
Schenke sie dem frömmsten Kinde,
Das ich finde bei dem Rhein.‹

Da nahmen sie die roten Schuhe mit, und ich versteckte mich ganz vorne in der Spitze des Schuhes, damit sie mich nicht etwa herausjagen sollten, und so rauschte ich mit ihnen den Strom hinab,

noch immer besorgt, wo der alte Karpfen und seine Frau mit dem Jäckchen und dem Hemde möchten hingekommen sein. Als wir an dem Binger Loch ankamen, wo der Rhein einen tiefen Strudel macht, tauchten die Nymphen unter, und wir sahen einen hellen grünlichen Schein, und je tiefer wir kamen, je heller ward es, und endlich erkannten wir schon einige Lichter, und nun standen wir vor einem durchsichtigen, gläsernen Haus; rings war es von unzähligen Fischen umgeben, die dem Lichte nachzogen und mit den Nasen an den glatten gläsernen Wänden herumschnupperten und nicht hinein konnten; da pochten nun die Jünglinge Weiß-Main und Rot-Main leise an, und es fragte ein alter Wassermann drin:

›Ei, wer klopfet? Wer ist draus?
Wer klopft an dies stille Haus?
Wo die Kindlein alle schlafen,
Träumen von den Wolkenschafen,
Seid ihr es, ihr tollen Fische?
Wart, wenn einen ich erwische!‹

Aber nun antwortete der Main:

›Tu auf, tu auf die grüne Tür!
Der rot' und weiße Main ist hier
Mit vielen holden Wasserfrauen,
Sie wollen nach dem Rheine schauen,
Sie bringen seinen Kinderlein
Manch Lied und schöne Spielerei'n.‹

Nun kam der alte graue Wassermann heraus, der da Torwächter war und sprach:

›Wie viel seid ihr, daß ich zähle,
Daß kein Fisch herein sich stehle.‹

Nun sprachen die zwei Brüder:

›Wir zwei Brüder, vierzehn Frauen,
Sechzehn sind wir, du darfst trauen.‹

Nun sprach der Wassermann, indem er einen nach dem andern hereinließ und mit einem Ruder die Fische, die sich herzudrängten, zurückstieß:

›Leise! leise! Plätschert nicht,
Wecket mir die Kinder nicht,
Die da rings in gläsern' Wiegen
In dem süßen Schlummer liegen.
Wenn ihr alle seid herein,
Räume ich euch Betten ein.
Ihr kommt wohl zur rechten Zeit,
Von hier sind gereiset heut
Erst der Neckar und die Lahn,
Ich weis' euch die Betten an,
Wo sie lagen ausgestrecket,
Sie sind alle frisch gedecket.
Leise! leise! Plätschert nicht,
Weckt den Vater Rhein mir nicht;
Er in der Mitte lieget
Und nachdem er eingewieget
Ameleychen hold ein Kind,
Selbst jetzt stille Träume spinnt;
Folget mir in einer Kette,
Stoßet nicht an jenes Bette
Auf korallenroten Füßen,
Goldsand füllt die blauen Kissen,
Ameley, die Prinzessin,
Schlummert drin.‹

Und nun schlüpften die Jünglinge und Nymphen, eines nach dem andern, bei dem Wassermann zur Türe hinein, und er zählte sie alle. Sieh, da kam auch ein siebzehnter und ein achtzehnter; aber

der wachsame Wassermann erwischte die beiden bei den Ärmeln, und da blieb ihm das Jäckchen und Hemdchen in den Händen, und der alte Karpfe mit seiner listigen Frau kriegten eine solche Ohrfeige mit dem Ruder, daß sie sich auf den Rücken legten, was bei uns Fischen ein Zeichen des Todes ist.

Nun könnt ihr euch gar nicht denken, welche Herrlichkeiten da zu sehen waren, die Nymphen machten einen halben Kreis und gaben uns mit Winken ihr Entzücken zu verstehen. Wir waren unter einem gläsernen Gewölbe, und über uns sahen wir das Gewässer mit Millionen bunter Fische, die sich mit ihren glänzenden Schuppen an das Glas anlegten und mit ihren Goldaugen hereinsahen, so daß die ganze Decke wie tausend Regenbogen durcheinander schimmerte; wo sich die Fische wegbewegten, sah man wieder zwischen wunderbaren Felsen die Sterne und den Mond durch die dunkle Flut leuchten, es war nicht zu beschreiben wie schön. Ja wenn aller blaue Himmel eine Wiese wäre, und alle Sterne bunte Blumen, und alle Wölkchen Lämmer, und der Mond ein Schäfer, und die Sonne ein goldener Brunnen, und die Morgenröte eine erwachende Hirtin, und die Abendröte ein ermüdeter Jäger, und die Liebe zöge wie ein Lüftchen durch die Blumen und bewegte sie, und die bunten Bänder der Hirtin spielten in ihr, und die Locken des Jägers wehten in ihr, und der goldene Brunnen spränge und ergösse sich durch die Wiesen, und die Lämmer tränken aus ihm, und der Schäfer stellte einen bunten Stab in den Brunnen vor die Augen der Lämmer, und alles wäre selig, und ihr läget unschuldig wie euer Ameleychen in der Wiege, so wäre es doch noch nicht halb so schön, als was ich da sah.«

»Nun, nun« – sagte der Fischer – »du machst es auch gar zu schön, Fische bleiben doch Fische, und Wasser Wasser.« – »Ach!« sagte Marzibille, »es ist mir nur lieb, daß es schön ist; ich wollte, es wäre noch tausendmal schöner, wegen Ameleychen, das nun einmal dort ist; aber erzähle fort, Goldfischchen, ich vergehe vor Ungeduld, von meinem lieben Kinde zu hören.«

»So sah es aus, wenn man über sich sah« – fuhr Goldfischchen fort – »ein solcher Himmel lag über

Ameleychen und den übrigen Kindern. Aber als ich hinabsah, da ging mir das Herz erst auf, und wäre ich schier vor Freuden aus dem roten Schuh gesprungen! Rund herum ging eine breite Stufe nach der andern hinab, und auf allen standen im Kreis herum eine Wiege, ein Bettchen am andern, und wir sahen in einen Himmel von tausend schlummernden Kindergesichtern; auf der einen Seite des Kreises schlummerten alle Mägdlein, auf der andern alle Knaben. Tief unten aber stand auf der einen Seite ein schönes Bett von lauter Korallen, darauf schlummerte die Prinzessin Ameley; auf der andern Seite stand ein Bett von Felsenstein mit Goldsand gefüllt, darauf schlief der alte Vater Rhein, ein gar ehrwürdiger, großer und starker Greis, sein langer grüner Schilfbart hing von seinem Lager herab über eine artige, gläserne Wiege, und, ach Frau Marzibille, wer schlummerte in dieser Wiege?« – »Ach, mein blondes Ameleychen«, schrie die Fischerin und weinte vor Freude.

»Ja, Ameleychen schlummerte da«, – sagte Goldfischchen, – »und lächelte im Traume, und hatte rote Bäckchen, wie hier, und hatte seine Händchen gefalten, wie hier, und seine Kleiderchen lagen ordentlich und reinlich zusammengelegt auf dem kleinen Schemel, der bei seinem Bette stand, wie hier.«

»Ja es war immer ein gutes und frommes Kind«, sagte jetzt der Fischer und weinte auch.

Was das Goldfischchen weiter von den Wundern erzählt, die es bei dem alten Vater Rhein gesehen.

»Nun aber«, – fuhr Goldfischchen fort, – »muß ich euch auch noch sagen, woher das Licht kam, welches das ganze Gewölbe angenehm erleuchtete: Rechts von dem Bette des Vaters Rhein und gerade in der Mitte des Bodens war eine große und runde Öffnung mit einem goldenen Gitter umgeben; es führten Stufen hinab, und unten sah man rings eine Menge Bogengänge nach allen Seiten hinlaufen, aus deren jedem ein anderer Glanz heraus schimmerte: grün, rot, blau, gelb, violett, kurz alle möglichen Farben, und als die Nymphen den alten Wassermann fragten, woher dieser wunderbare Schimmer komme, sagte er:

›An diesem wunderbaren Ort,
Da ruht der Nibelungen Hort;
Um ihn geschah wohl mancher Mord;
Hier liegen Schilde, Helm und Ringe,
Manch goldnes Heft, manch gute Klinge,
Kleinode und viel andre Dinge,
Der Frauen Zier, der Helden Wehr
Ruht da viel tausend Zentner schwer,
Und streut das bunte Licht umher.‹

Da fragte der weiße Main:

›Was heißt das: Nibelungen Hort,
Um den geschah so mancher Mord?
Erklär' mir, Wassermann, dies Wort.‹

Da sagte der Wassermann:

›Es ist ein Schatz, der hier versenket,
Der Rhein des selbst nicht mehr gedenket,
Wer ihm denselben Schatz geschenket;

Doch leben noch vier alte Greise,
Macht ihr zu ihnen eine Reise,
So werdet ihr hierin gar weise.

Der erst' edieret an der Spree,
Er sagt, der Schatz kam über See,
Er heißt der Doktor Hagene.

Der zweit' notieret an der Iser,
Wer ist weitläufiger als dieser?
Und Docen vom Docieren hieß er.

Der dritt' und viert' sitzt an der Fuld',
Grimm hießen sie, doch voll Geduld
Studieren sie an einem Pult.

Willst einen um den Schatz du fragen,
So werden alle vier dir sagen,
Daß sie ihn nicht in Rhein getragen.

Und werden drei von ihnen sterben,
So wird der viert' die Weisheit erben,
Den ganzen Schatz und alle Scherben.‹

Da sagt der rote Main:

›Sag besser uns, wohin die Gänge
Gewölbet auf der Säulenmenge
Zuletzt noch führen in der Länge?‹

›Die sieben Bogengänge führen
Zu sieben reinen goldnen Türen,
Die sieben Treppen dann berühren.

Und diese Treppen auf sich winden,
Bis sie in einem Saal verschwinden,
Dem sieben Kammern sich verbinden.

Im Saal auf siebenfachen Thronen
Sitzt Lureley mit sieben Kronen,
Rings ihre sieben Töchter wohnen.

Frau Lureley, die Zauberinne,
Ist schönes Leibs und kluger Sinne,
Hoch hebt sich ihres Schlosses Zinne.

Von innen aus der Maßen fein,
Von außen schroff ein Felsenstein,
Umbrauset von dem wilden Rhein.

Sie ist die Hüterin vom Hort,
sie lauscht und horchet immerfort
Und höret sie ein lautes Wort,
Singt, tut ein Schiffer einen Schrei,
So ruft die Töchter sie herbei
Und siebenfach schallt das Geschrei
Züm Zeichen, daß sie wachsam sei.‹

›Das ist recht wunderbar‹, sagt der weiße Main, ›ich will dich aber nicht fragen, wer die Frau Lureley eigentlich ist, und warum sie alles siebenfach hat, und wie sie zu dem Wächteramt gekommen, du möchtest mich wieder zu deinen vier weisen Meistern schicken.‹ – › Ach!‹ sagte der Wassermann, – ›die wissen auch gar nichts von ihr; Frau Lureley ist viel älter als diese Herren, obschon jeder von ihnen ein paar hundert Jahre älter ist als der andere. Frau Lureley ist eine Tochter der Phantasie, welches eine berühmte Eigenschaft ist, die bei Erschaffung der Welt mitarbeitete und das Allerbeste dabei tat; als sie unter der Arbeit ein schönes Lied sang, hörte sie es immer wiederholen und fand endlich den Widerhall, einen schönen Jüngling, in einem Felsen sitzen, mit dem sie sich verheiratete und mit ihm die Frau Lureley zeugte; sie hatten auch noch viele andere Kinder, zum Beispiel: die Echo, den Akkord, den Reim, deren Nachkommen sich noch auf der Welt herumtreiben. Doch das wird euch Frau Lureley selbst erzählen, und zwar siebenmal, wenn ihr sie darum fragt. Jetzt aber ist Schlafenszeit, hier oben seht eure Kammer, morgen früh um fünf Uhr müßt ihr aufstehen und dem alten Rhein ein Morgenlied singen.‹

›Ja‹ – sagte der rote Main, – ›aber lasse uns zuerst unsere Geschenke zu den Füßen des alten Rheins und auf die Betten der Kinder herum legen, damit sie morgen beim Erwachen sich recht freuen.‹

Nun spazierten die Nymphen in einer Linie rings an den Kreisen der schlummernden Kinder herum und legten ihnen allerlei Blumen, bunte Steine, Muscheln, Kränze, Sträuße, und die Pegnitz ihnen tausenderlei schöne Spielereien auf die Betten. Je tiefer wir kamen, je näher kamen wir zu Ameleychen, je heftiger pochte mir das Herz, und endlich waren wir an der Wiege; der Wassermann sagte leise: Dies ist das frömmste, liebste Kind hier,

und legte die den Karpfen abgenommenen Kleider auf den Schemel, der an der Wiege stand; der Main stellte die roten Schuhe, worin ich saß, auch dazu, die Pegnitz legte ihm die schönste Puppe in die Arme, und jede Nymphe gab ihm das Beste, was sie hatte; und dann zogen sie alle miteinander in die Höhe und schwammen in die Grotten, die ihnen angewiesen waren. Der alte Wassermann sagte jeder gute Nacht und machte die Türe zu; dann riegelte er auch nochmals die obere Türe des ganzen Schlosses zu, drehte sich um und segnete das ganze Haus und schlüpfte auch in ein Felsengewölb, wo er schlief.«

»Ei! Ei!« – sagte der Fischer, »mein lieber Goldfisch, du machst einem das Leben recht sauer, und hältst einen lange hin, bis du auf den Punkt kommst, ob wir unser Ameleychen auch je wieder zu sehen kriegen; sonst sagt das Sprichwort, stumm wie ein Fisch; bei dir könnte man sagen, geschwätzig wie ein Fisch.«

»Ach lieber Petrus!« – so hieß der Fischer, sagte Marzibille – »laß ihn nur ruhig fortreden, ich höre ihn gar gern, ich gehe jeden Tritt und Schritt mit ihm und denke mir, daß Ameleychen das alles erlebt hat, und ich hoffe, wenn die Kinder so heil und gesund und in so guter Pflege sind, Gott wird sie uns noch einmal wieder schenken; erzähle, Goldfischchen, erzähle!«

»Ja, Gott wird sie euch wieder schenken« – sagte Goldfischchen – »darüber seid ruhig und verzeiht mir, daß ich das Herz so voll habe, daß ich euch dies gleich zu sagen vergessen, und laßt ihr mich nun ohne Unterbrechung fortreden, so sollt ihr bald hören, wie eure Kinder zu retten sind. – Als nun der Wassermann zur Ruhe gegangen war, war ich es allein, der wachte; das Kristallwasser, welches das Schloß anfüllte, ward immer ruhiger, die ganze Herrlichkeit ober mir war klarer zu sehen; ich hörte rings die Herzen all der Kinder pochen und sah, wie das Wasser leise über ihrer Brust davon zitterte; ach, ihr könnt nicht denken, wie mir freudig und selig zu Mute war, als ich Ameleychens Herz pochen hörte und das Wasser über seiner Brust zittern sah; ich konnte mich nicht mehr halten und schlüpfte aus meinem Schuh heraus und schwamm in das bewegte Wasser über Ameleychens Herz und ruhte so lange in der von ihrem Leben bewegten Flut mit unendlicher Liebe. Als ich so stille stand und das liebe Gesichtchen betrachtete, bewegte Ameleychen seine Lippen und sprach im Traume: Ach liebe Mutter! Ich bin recht erschrocken, ich bin ins Wasser gefallen; aber es ist recht schön hier; ich bin bei frommen Leuten, meine Pate, die gnädige Prinzessin, ist auch hier; Mutter, komm doch auch.«

Als die Fischerin dies hörte, fing sie heftig zu

weinen an, und schrie: »Ja, ja, ich will kommen, drum hat es mich immer so hinuntergezogen, wenn ich am Rhein ging, du hast mir gerufen« – und nun wollte sie zu der Türe hinaus laufen und sich ins Wasser werfen, aber Petrus hielt sie beim Rock zurück und sagte: »Bleib sitzen, Marzibille, und laß den Fisch ausreden, hernach, wenn's nötig ist, springe ich mit in den Rhein.« Marzibille umarmte den guten Petrus, da er dies gesagt, und sie saßen mit verschlungenen Armen bis zum Ende der Erzählung.

»Mich rührte diese Rede, wie euch« – sagte Goldfischchen – »und als über ein Weilchen das Kind wieder sagte: ›Goldfischchen! Goldfischchen, wenn du hier wärest, das wäre ein herrlich Leben für dich und für mich‹ – da war ich so über die Rede erfreut, daß ich näher zu ihm schwamm und mich zwischen es und die Puppe an sein treues Herzchen legte.«

»Hat es denn von mir gar nicht gesprochen?« – fragte Weißmäuschen traurig.

»Warte nur noch ein bißchen« – sagte der Fisch – »gleich kommt auch die Reihe an dich. Ich schlummerte an einer so lieben Stelle und erwachte nicht eher als durch den Druck von Ameleychens Hand. Die Sonne ließ eben ihre ersten Strahlen in den Rhein niedersinken, der wie ein fließendes Gold zitterte; man sah die Felsen oben und die Städte und die Berge und die Menschen und die Schiffe; man sah an der Felswand das ganze Haus der Frau Lureley hinauf bis an den blauen Himmel, wo die Vögel hin und her schwebten; man sah den Reiher niederstürzen und einen vorwitzigen Fisch holen; ein Schifflein zog oben, und darauf fuhren zwei Knaben, der eine freudig, mit braunen Haaren, der andere traurig, mit schwarzen Haaren, als sie an dem Fels waren, riefen sie:

›Lureley! Lureley!
Es fahren zwei Freunde vorbei.‹

Und nun sang der Schwarze:

›Am Rheine fahr ich hin und her
Und such den Frühling auf;
Mein Sinn so leicht, mein Herz so schwer,
Wer wiegt sie beide auf?

Der Mond gehet unter,
Die Liebe geht unter,
Das Schiff zieht hinunter,
Wer hält sie auf?‹

Und Frau Lureley rief siebenmal

›Wer hält sie auf?‹

Und dann sang der Braune:

›Die Sonne geht auf,
Wonne, Wonne still in Schauern
Dich umfangen, frische, frische Luft;
Sinnend auf die Strahlen lauern
Spielend in dem Morgenduft;
Lieben und geliebt zu werden
Ist das Einzige auf Erden,
Was ich könnte, was ich dächte, was ich möchte,
Daß es mir nur könnte werden,
Lieben und geliebt zu werden.‹

Und nun sprach Frau Lureley ihm siebenmal zurück:

›Lieben und geliebt zu werden!‹

und sie schwammen hinab. – Darüber nun war Ameleychen aufgewacht und hatte mich bemerkt und nahm mich voller Freude in die Hand, wodurch sie auch mich erweckte. Ihr könnt gar nicht denken, wie das Kind mich herzte und drückte, und es fragte gleich nach der Mutter und dem Vater und auch nach dir, Weißmäuschen, und ich erzählte alles, was ich wußte, und kaum hatten wir eine halbe Stunde gesprochen, so rauschte der rote und weiße Main und die übrigen Nymphen aus ihren Grotten und begannen ein Morgenlied, worauf der alte Vater Rhein und die Kinder sich alle regten und die Augen wischten. ›Geschwind‹, sagte Ameleychen zu mir, ›verstecke dich in meine gläserne Wiege, wo du alles hören und sehen kannst; denn es dürfen keine Fische hier herein; auf die Nacht, wenn alles schläft, rede ich wieder mit dir‹ – und nun steckte sie mich in die Wiege, an eine bequeme Stelle, wo ich alles belauern konnte. Als die Kinder rings erwachten und ihre Spielsachen fanden, entstand ein allgemeiner Jubel. Alle schrien: Das Christkindchen war da, der heilige Niklas war da. Alle Knaben zogen auf Steckenpferden mit Trommeln und Pfeifen am Bette des al-

ten Rheins vorüber. Alle Mädchen kamen mit ihren Puppen und Blumen an das Bett der Prinzessin Ameley; dazwischen sangen die Nymphen das Morgenlied, und man hörte den Gesang der Lerchen, die über dem Wasser die Sonne begrüßten, die durch den ganzen Himmel voll Unschuld und Freude niederstrahlte. Da aber Ameleychen dem Vater Rhein seine Spielsachen zeigte und dabei in neuen hübschen Kleidern und in den roten Schuhen hübsch geputzt dastand, fragte er: ›Ei Ameleychen, wo hast du denn die Kleider und die roten Schuhe her?‹ Da sagte das liebe Kind: ›Die waren schon lange mein, die Mutter hat sie immer in unserem großen Schranke aufgehoben, sie hat sie mir gewiß herabgeschickt‹; und nun kamen die Nymphen und die beiden Brüder Main herab, und nachdem sie der alte Vater Rhein begrüßt hatte, spielten die Nymphen mit den Kindern; aber der alte Rhein, der rote und weiße Main, die Prinzessin und Ameleychen blieben beisammen. Der Main erzählte, wie er die Schuhe gefunden und wie der Wassermann dem Karpfen die Kleider abgenommen; siehe, da fand Ameleychen einen Zettel in der Tasche ihres Rockes, den ihr Frau Marzibille hineingelegt, und gab ihn der Prinzessin zu lesen:

›Lebst du noch, so bete fromm,
Bist du tot, in Himmel komm;

Bitt die lieben Engelein,
Daß auch ich bald komm' hinein.
Dieses ist der einz'ge Wille
Deiner treuen Marzibille.‹

Als Ameleychen dies hörte, fing sie heftig an zu weinen, und rief immer: Ich will sterben, ich will in den Himmel zu meiner Mutter; auch die Prinzessin weinte sehr, und der alte Rhein war sehr gerührt über eure Mutterliebe, Frau Marzibille, und die beiden Brüder Main lobten euch sehr. ›Ach‹ – sagte die gute Prinzessin, ›wenn wir nur die gute Frau könnten wissen lassen, daß Ameleychen noch lebt.‹ – ›Ich weiß nicht, wie es anzustellen ist‹ – sagte der alte Rhein – ›ja wenn Radlauf, der Müller, wiederkäme, ich kann mit den andern Leuten nicht sprechen.‹ – Als die Prinzessin den Namen Radlaufs, ihres Bräutigams, hörte, weinte sie von neuem sehr heftig, und der alte Rhein tröstete sie und sprach: ›Schöne Ameley, ich bin es, der euch zuerst in seine Arme geführt, ich werde euch wieder mit ihm vereinigen: und wenn es auf Erden nicht sein kann, so werde ich ihn zu euch herab bringen, wenn er wieder kommt, seid ruhig; aber wie fangen wir es denn an, der guten Frau Marzibille Nachricht zu geben? Die großen Fische sind zu grob und zu dumm, die kleinen würden leicht unterwegs von den großen gefressen, und überdies,

weil Frau Marzibille eine Fischerin ist, werden die Fische nichts mit ihr zu tun haben wollen.‹ – ›Ach!‹ sagte Ameleychen – ›ich weiß wohl ein Fischlein, das gehört mir; es ist mir selbst in den Schoß gesprungen, es steht auf unserm Blumenbrettchen in einem Glase zu Hause bei meiner Wiege, wenn das hier wäre, es ist gar klug und fromm und würde gewiß die Botschaft ausrichten.‹ – ›Närrisches Ameleychen‹, sagte der Rhein, ›wenn es hier wäre, so wäre uns freilich geholfen; aber wie soll's herkommen?‹ – ›Freilich‹, sagte Ameleychen, ›es kann nicht kommen, es dürfen ja gar keine Fische herein.‹ – Da sagte der Rhein: ›Wenn es hier wäre, es sollte mir lieb sein, weil es fromm ist und dir gehört und uns dienen könnte.‹ – ›Nun, da ist es!‹ sagte Ameleychen und hob seine Decke auf und legte mich dem alten Rhein in den Schoß. Er fragte mich freundlich, wie ich hergekommen, und die Brüder Main lachten, als sie hörten, daß sie mich in den roten Schuhen hergetragen, und nun mußte ich alles erzählen, was ich von Mainz wußte. Als ich von der Hungersnot und der Verzweiflung der Eltern um ihre Kinder erzählte, weinten die Prinzessin und Ameleychen, und bald stimmten alle Kinder mit in die Trauer ein, der alte Rhein und die Nymphen wurden auch sehr betrübt, und da die Prinzessin ihn sehr bat, er sollte den armen Eltern doch die Kinder wieder geben, sprach er: ›Alles zu seiner Zeit, was sollen sie mit den Kindern, da sie selbst kaum Brot für sich haben. Wenn der Müller Radlauf wiederkommt und König von Mainz ist, und wenn ich kein einziges Märchen mehr weiß, um es den Kindern zu erzählen, dann soll er mir eins erzählen, und dafür will ich ihm auch seine liebe Braut wiedergeben, und dann soll mir einen Tag um den andern eine gute Mutter aus Mainz ein Märchen erzählen, und dafür will ich ihr immer ihr Kind wiedergeben, bis sie alle droben sind; und du, Fischchen, schwimme zurück und grüße die Frau Marzibille, und sage ihr, was du gehört zum Trost.‹ Alle dankten nun dem alten Vater Rhein für sein Versprechen; ich aber bat mir die Erlaubnis aus, so lange da zu bleiben, bis die Brüder Main wieder nach Hause zögen, damit ich in ihrem Schutz vor den Raubfischen sicher hierher käme, und das wurde mir zu meiner und Ameleychens großer Freude erlaubt. Nun erzählten während der vierzehn Tage, die ich dort war, die Flüsse die artigsten Märchen, die sie wußten, und die Nymphen sangen allerlei schöne Lieder dazu, wobei alle Kinder sehr vergnügt zuhörten. Da sie aber alle nichts mehr wußten, nahmen sie Abschied und schwammen nach Franken zurück. Ameleychen läßt euch vieltausendmal grüßen.«

Der Fischer und die Fischerin sagten dem Goldfischchen viel tausend Dank für die freudige Botschaft und taten ihm alles Liebe an, und da sie ihm sagten, wenn es wieder in den Rhein wolle, so wollten sie es hin tragen; sagte das Goldfischchen: »Ich will jetzt bei euch bleiben, bis der Radlauf kommt, dann will ich geschwind zurück und Ameleychen die nahe Hilfe anzeigen« – womit auch die beiden guten Leute ganz zufrieden waren.

Nun dachten sie daran, wie sie auf alle Weise die Nachricht des Goldfischchens den andern Bürgern zum Trost bekannt machen wollten und gingen gleich in die Kirche und beteten, und nach der Kirche setzten sie sich in den Kirchhof in den Sonnenschein und luden die andern Bürger und Bürgersfrauen zu sich ein und erzählten ihnen alles. Da ward die Freude und der Jubel allgemein in der ganzen Stadt, und abends war Illumination und Freitheater und Ball und aller möglicher Spektakel.

Wie Radlauf von seiner Reise zurückkehrt und König von Mainz wird.

Nun aber wollen wir uns wieder einmal an den Müller Radlauf erinnern, der mit dem Testament des Herrn von Staarenberg in den Schwarzwald zu dem Grubenhansel gezogen war; was ihm aber da begegnet ist, wird er hernach selbst erzählen; ich darf jetzt nichts anders sagen, als daß er gerade wieder in der Nacht zu Hause ankam, ehe Goldfischchen zur Frau Marzibille zurückkehrte.

Es war abends um sechs Uhr, als Radlauf mit den zwölf Rittern, die ihn zurückbegleiteten, auf dem Berg aus dem Wald herausritt; er sah den Rhein zu seinen Füßen und die hellen Tränen standen ihm in den Augen; er drehte sich zu den Rittern um und sprach: »Meine lieben Getreuen, wenn ich gleich jetzt euer Fürst bin, so kann ich doch nicht anders; ich muß wieder Müller werden, wenn ich den herrlichen Rhein sehe und die Mühle klappern höre, wo ich meine schöne Ameley zuerst gesehen. Liebe Ritter, schlaget euch hier im Walde ein Lager, indes ich allein hinabgehe, meine Heimat begrüße und dem alten Rhein wieder ein Willkommen singe; morgen früh sehe ich euch wieder.« Da antworteten die Ritter: »Herr, wir tun nach eurem Befehl«, und sie stiegen ab und schlugen sich ein Lager.

Radlauf aber legte seinen Helm und Panzer ab und zog seine Müllerkleider an und nahm einige schöne Kränze mit, die er unterwegs geflochten

hatte, und so stieg er ruhig den Berg hinab; er war sehr gerührt, wieder in seiner Heimat zu sein, und je näher er seiner Mühle kam, desto lauter pochte sein Herz; aber wie wunderte er sich, da er den bekannten Fußweg ging und seine Mühle nicht fand; denn er wußte nicht, daß sie König Hatto hatte abbrechen und in den Turm verbauen lassen. Das Rad lag umgestürzt an der Erde, und was ihm bei demselben begegnete, wird er später selber erzählen.

Wie er fortging, trat er plötzlich ins Wasser, das die Ruinen seines Hauses umspielte; mit Mühe zog er sich heraus und kletterte auf den Mühldamm, und so traurig er über den Verlust seiner Mühle war, so erquickte ihn doch der Anblick des herrlichen Stromes, und er sang:

»Wie klinget die Welle!
Wie wehet ein Wind!
O selige Schwelle!
Wo wir geboren sind.

Du himmlische Bläue!
Du irdisches Grün,
Voll Lieb' und voll Treue,
Wie wird mein Herz so kühn!

Wie Reben sich ranken
Mit innigem Trieb,
So meine Gedanken
Habt hier alles lieb.

Da hebt sich kein Wehen,
Da regt sich kein Blatt,
Ich kann draus verstehen,
Wie lieb man mich hat.

Ihr himmlischen Fernen!
Wie seid ihr mir nah;
Ich griff nach den Sternen
Hier aus der Wiege ja.

Treib nieder und nieder
Du herrlicher Rhein!
Du kommst mir ja wieder,
Läßt nie mich allein.

Meine Mühle ist brochen,
Und klappert nicht mehr,
Mein Herz hör' ich pochen
Als wenn's die Mühle wär'.

O Vater, wie bange
War mir es nach dir,
Horch meinem Gesange,
Dein Sohn ist wieder hier.

Du spiegelst und gleitest
Im mondlichen Glanz,
Die Arme du breitest,
Empfange meinen Kranz.«

Kaum hatte er ausgesungen, so entschlief er, und im Traume erschien ihm der alte Rhein und sagte ihm nichts als: »Willkommen, König von Mainz! Ziehe in die Stadt, du wirst Segen über sie bringen, kehre heut abend bei dem Fischer Petrus ein, und er wird dir sagen, was du sollst.«

Als nun Radlauf erwachte, sah er, daß die Sonne schon hoch am Himmel stand; er blickte nach seiner Mühle, die war nicht mehr da; er blickte nach der Binger Insel, da stand ein hoher Turm darauf; er erkannte seine Heimat kaum wieder, und da er über die Wiese ging, stand sie voller Rittersporn und Kaiserkronen und Königskerzen. Betrübt sah er in den Schutt seines Hauses, und indem er einen Stein aufhob, warf er ihn in den Boden und sprach:

»Ein Müller war ich,
Ein Fürst bin ich;
Ich werfe den Stein,
Hier wohnte der treuste Mann
am ganzen Rhein.«

Und somit ging er zu seinen Rittern, legte seine Rüstung wieder an und zog mit ihnen gen Mainz; und als sie abends um zehn Uhr durch das Tor ritten, war es gerade, da man die Stadt illuminiert hatte. Alles jubelte und schrie: Vivat der König Radlauf! – und keiner wußte es, daß er es war. Da er durch das Rheingäßchen ritt, kam er vor ein kleines Haus, da war über der Tür ein Bild illuminiert, darauf stand ein Mühlrad, worauf zwei Kronen lagen, und viele Kinder standen drum herum, über den Kronen aber war geschrieben:

»Ich harr' und hoff'
Auf dich, Radlof!
Kommt er herbei,
Wird Ameley,
Die in dem Rhein,
Frau Königin sein,
Und Ameleychen
Der Flut entsteigen
Ich harr' und hoff'
Auf dich, Radlof!«

Als Radlauf dies las, pochte er an, und da ein Mann ihm aufmachte, fragte ihn dieser: »Was wollt ihr vom Fischer Petrus?« – »Bei ihm wohnen«, sagte Radlauf und trat ein und gab sich zu erkennen, und alles war im Hause voll Jubel. Die Ritter banden ihre Pferde vors Haus, und die kleine Stube war so voll, daß man sich nicht regen konnte. Nun erzählte Frau Marzibille dem Radlauf alles; aber er fragte das Goldfischchen selber aus und weinte vor Freude, als er hörte, daß Ameleychen noch lebte.

Da nun die zwölf Pferde die ganze Straße versperrten, so sammelten sich die Menschen immer mehr, und endlich ward das Lärmen so groß, daß Gezänk entstand und die Leute auf den Fischer schimpften; da trat Radlauf heraus und sprach: »Seid ruhig, ihr Leute! Der König Radlauf ist hier.« Kaum hatte er dieses gesagt, als alles Vivat schrie, und alle Menschen drängten sich herbei, und Radlauf stieg zu Pferd und die Ritter auch, und sie ritten durch die ganze Stadt und das Volk huldigte ihm.

Am andern Morgen ward er gekrönt und hielt eine schöne Rede und sagte unter anderm: »Nun, liebe Bürger, wollen wir vor allem daran denken, die Prinzessin Ameley und die übrigen Kinder bei dem alten Vater Rhein auszulösen, wer soll ihm das erste Märchen erzählen?« Da schrien ein paar alte Judenweiber: »Ich, ich, mein Nathan ist ein wahrer Daniel, meine Rachel ist ein Wunderkind!« Die andern Leute schrien alle: »Der König Radlauf!«

Nun sagte Radlauf: »Ich danke euch; ihr zwei Judenweiber sollt wegen eurer Nasenweisheit die letzten sein, und ich schlage vor, daß jeder seinen Nachfolger in der Erzählung nennen soll, und nenne ich dann nach mir den Fischer Petrus, der euch viel Gutes erwiesen.«

Alles war damit zufrieden, außer den zwei Judenweibern.

Nun sagte Radlauf: »Jetzt gehet hin und besinne sich jeder auf eine Geschichte; ich will mich auch besinnen. Das Wappen dieses Landes sei von nun an ein Rad, weil ich ein Müller war. Morgen früh bei Sonnenaufgang kommt an den Rhein, da will ich mein Märchen erzählen, und ihr könnt gleich eure Königin empfangen, denn wir sehen sie gewiß sogleich wieder; der Rhein hält Wort, gut' Nacht!«

Alles legte sich schlafen, außer den Zimmerleuten; die schlugen einen Thron am Rhein auf und schmückten ihn mit Blumen und Bändern; und eigentlich schlief niemand viel, denn alle besannen sich auf Märchen. So ging die Nacht hin.

Kaum graute der Morgen, so versammelte sich das Volk; aber die ersten schon, welche Petrus und Marzibille waren, fanden den Platz nicht leer, denn Radlauf hatte die ganze Nacht, von seinen zwölf Rittern umgeben, auf dem Thron gesessen und mit Sehnsucht des Tags erwartet. Als alles versammelt war, erzählte Radlauf folgende Geschichte.

Der Text der vorliegenden Ausgabe folgt dem der 1846/47 von Guido Görres veranstalteten Edition der »Märchen des Clemens Brentano«. Lediglich Orthographie und Interpunktion wurden vorsichtig dem modernen Gebrauch angeglichen. Die ebenfalls zum Komplex der »Rheinmärchen« gehörenden »Märchen vom Murmeltier« und »Märchen vom Schneider Siebentot auf einen Schlag« sind in die vorliegende Ausgabe nicht aufgenommen worden

Herstellung Grit Fischer, Frankfurt am Main
Satz Dörlemann Satz GmbH, Lemförde
Papier 100 g mattgeglättet holzfrei Werkdruck
der Firma Ernst A. Geese GmbH, Hamburg
Lithographie Fischer Reprotechnik, Frankfurt am Main
Druck Johannes Weisbecker, Frankfurt am Main
Bindung Realwerk G. Lachenmaier, Reutlingen
Printed in Germany 1988 ISBN 3 7632 3531 0